Andrea Rosenthal

Kartenlegen ausführlich erklärt – Karma als Legungen mit Lenormandkarten

Band 13 als Königsklasse Kartenlegen lernen mit den Lenormandkarten

Bibliografische Information der Deutschen Nationalbibliothek
Die Deutsche Nationalbibliothek verzeichnet diese Publikation in der Deutschen Nationalbibliografie; detaillierte bibliografische Daten sind im Internet über http://dnb.d-nb.de abrufbar.

Umschlagbilder, Illustrationen: © 2020 Karin E. Hoffmeister
karinhoffmeister@web.de
www.karin-hoffmeister@web.de

Umschlaggestaltung: germedia Medienagentur, Antonia Gerlach
info@ger.media
www.ger.media

Lektorat/Korrekturlesen: Regina Schier
info@reginaschier.de
www.reginaschier.de

Autor des Buches: © 2020 Andrea Rosenthal
andrea@reiki-tor.de
www.reiki-tor.de

Layout und Satz des Buches: Angelina Schulze

Verlag:
Angelina Schulze Verlag
Vor dem Walde 9
38268 Lengede

verlag@angelina-schulze.com
https://angelina-schulze-verlag.de

1. Auflage August 2020

ISBN: 978-3-96738-115-3

Inhaltsverzeichnis

1. Kapitel

Noch ein Karmabuch, fragst du dich vielleicht? Es gibt viele Bücher über dieses Thema und ja, auch in diesem Buch geht es um Karma mit dem Schwerpunkt, es mit den Lenormandkarten oder Tarotkarten zu ergründen. Doch nicht nur das! Mit Hilfe von Erkenntnisprozessen ist es uns möglich, negatives Karma, aufzulösen. Wie man das mit Hilfe der Karten machen kann, davon handelt dieses Buch.

Zugegeben, es ist eine herausfordernde Zeit, in der wir uns befinden und manchen mag sie wie ein Tanz auf dem Vulkan erscheinen. Zerrissen zwischen den Anforderungen und Verpflichtungen und dem Lifestyle von Selbstfindung und Selbstverwirklichung, sind wir oft nur noch Statisten in dem Drama unseres Lebens.
Doch muss das sein?
Für mich haben die Karten ab dem Teenageralter nicht nur mein momentanes Bemühen, den Kopf über Wasser zu halten, gezeigt, sondern auch die Hintergründe widergespiegelt, die zum vorprogrammierten Dilemma geführt haben.
In der Schule des Lebens sind sie zu einem unverzichtbaren Hilfsmittel für mich geworden, Halt und Orientierung zu finden. Es hat viele Lektionen beansprucht, um zu erkennen, dass ich tatsächlich der Nabel meiner Welt bin. Kein Opfer irgendwelcher Umstände, sondern Schöpferin und Energiequelle, von der die entscheidenden, richtungsweisenden Impulse ausgehen.
Beim Erforschen der Ursachen meiner Dramen identifizierte ich meine Prägungen und die daraus resultierenden Glaubenssätze. Zu wissen, wo ich stehe und warum ich so ticke, wie ich ticke – ja wie ich die Welt durch meinen ganz individuellen Wahrnehmungsfilter betrachte, ist der Ausgangspunkt für mein Abenteuer „Leben“.
Warum Abenteuer? Weil mir der Schlüssel zur Selbstverantwortung, der Selbstermächtigung durch die Reflektion der Kartenbilder und der Beschäftigung allumfassender Weisheiten gezeigt hat, dass es darum geht, was ich vom Leben erwarte und wie viel Freiraum ich mir selbst gebe, all das in die Tat umzusetzen, was da in mir träumt.
Also lass uns auf Entdeckungsreise gehen und herausfinden, welch weise Hinweise uns die Karten liefern und inwiefern sie uns ein Werkzeug der Bewusstwerdung an die Hand geben. Es ist immer gut, zu wissen, wo man steht. Doch die Karten vermögen noch

mehr und zeigen uns auch den Weg, aus „miesem Karma“ eine Quelle von Erfahrung und Erkenntnis zu erschaffen und somit nicht lange zu zögern, es in „gutes Karma“ umzuwandeln.

Wie der Buddhismus schon zeigt, erschaffen wir ständig Karma. Es entfaltet seine Wirkung überall, sei es in einschneidenden Ereignissen unseres Lebens oder auch in den kleinen Dingen des Alltags. Es kommt eben nur darauf an, ob es sich positiv oder negativ auf unser Leben auswirkt.

Ich lade dich ein, die kleinen und großen Legungen auszuprobieren und dein Karma zu identifizieren. Ist es positiv, oder stolperst du immer wieder in die gleichen Fallen deines Egos und der Prägungen deiner Vergangenheit?
Wenn du die Legungen für dich ausprobiert hast, wirst du dir diese Fragen beantworten können, und wenn du magst, sogar lernen, deinem Leben eine positive, bereichernde Richtung zu geben. Nur Mut, it’s magic!

Karma und das Prinzip von Ursache und Wirkung

Das Wort Karma kommt aus dem Sanskrit und bedeutet „Handlung". Dein Karma ist die Summe jeder einzelnen deiner Handlungen, die die Ursache dafür bilden, was du in deinem Leben manifestierst.
Wenn wir etwas verursachen, dann tritt eine dementsprechende Wirkung ein. Jeder kennt dieses sinnlose Tun, etwas immer auf die gleiche Weise zu machen und ein anderes Ergebnis zu erwarten. Doch das Gesetz von Ursache und Wirkung liefert prompt, und so sollten wir uns nicht wundern über immer gleiche Ergebnisse.

Doch Karma oder auch Schicksal kann von uns beeinflusst werden, und um dies zu tun, hilft es, die Mechanismen zu erkennen, die uns immer wieder zum Scheitern führen.

Ganz wunderbar wird dies im Talmud ausgedrückt, wo es heißt:

Achte auf deine Gedanken,
denn sie werden Worte.
Achte auf deine Worte,
denn sie werden Handlungen.
Achte auf deine Handlungen,
denn sie werden Gewohnheiten.
Achte auf deine Gewohnheiten,
denn sie werden dein Charakter.
Achte auf deinen Charakter,
denn er wird dein Schicksal.

Dies zeigt die Notwendigkeit, unsere Gedanken zu erforschen und unsere Handlungen so zu gestalten, dass wir eine positive Einstellung zu uns selbst und unserem Leben finden.

Lasse uns dies doch mal an einer kleinen Legung nachvollziehen, die ich, um es zu demonstrieren, auch deuten werde.

Diese Legung kann allein oder auch im Großen Blatt gedeutet werden, ausgehend von der Karte Kreuz im Lenormand. Das Karmathema ist in diesem Fall das Haus, auf welches das Kreuz gefallen ist. Zugrunde liegt hier die Deutungsweise, dass alles, was links der Karte Kreuz ist, die Vergangenheit zeigt, was über und unter dem Kreuz liegt, die Gegenwart widerspiegelt und die Karten der rechten Seite zukünftige Tendenzen aufzeigen.
Als 9er-Legung kann eine Karte für das Karmathema gezogen und in die Mitte gelegt werden.

Bei dieser 9er-Legung „Ursache und Wirkung“ sind die Positionen wie folgt:

Die Deutung einer Legung zu einem persönlichen Thema erfolgt in einer mir sinnvollen Reihenfolge beginnend mit:

X Karma
eine Karte für eine 9er-Legung ziehen oder im Großen Blatt das Haus, in das das Kreuz gefallen ist. Hier habe ich die *Karte Reiter* gezogen.
Wichtig ist es, wie ich meine Gedankenkraft nutze und meine inneren Überzeugungen mein Karma, meine Handlungen beeinflussen. Jetzt ist Tatkraft gefordert, motiviert zu sein und die Initiative zu ergreifen.

Position 6 Ursache, was alles ausgelöst hat *Karte Sterne*
Die letzte Zeit hat tiefe Einsichten in größere Zusammenhänge in meinem Leben bewirkt, ausgelöst durch die Arbeitslosigkeit und die Frage nach meinen Idealen, um meiner Erfüllung in Zukunft näherzukommen.

Position 4 blinder Fleck, was nicht berücksichtigt wurde *Karte Dame*
Es hat mich unter Druck gesetzt und es ist wichtig, hinzuschauen und zu erkennen, dass ich die Dinge auf mich zukommen lassen kann. Alles entwickelt sich so, wie es für mich richtig ist.

Position 1 Konsequenz, was sich daraus entwickelt hat *Karte Sonne*
Wenn ich mir meiner selbst bewusst bin und meine positive Energie strahlen lasse, kann ich optimistisch und zuversichtlich an meinem Erfolg arbeiten. Dafür ist es gut, noch mehr Souveränität zu entwickeln.

Position 2 Ist-Zustand, die gegenwärtige Situation *Karte Schiff*
Gerade treiben mich Wünsche und Sehnsüchte um, von denen ich nicht weiß, wie ich sie umsetzen soll. Ich sollte offen für alles sein und auf die Weiterentwicklung und das Erreichen meiner Ideale vertrauen.

Position 3 Veränderungen, die es anzustreben gilt *Karte Blumenstrauß*
Jetzt habe ich die Möglichkeit, meiner Kreativität freien Lauf zu lassen, meiner Freude zu folgen und meine Talente als Geschenk anzunehmen und sie zu entfalten.

Position 5 Wirkung der eigenen Bemühungen *Karte Herz*
Meinem Herzen zu folgen, ist die einzig wahre Option. Mein Leben aus dem Herzen heraus zu leben und auf Hilfsbereitschaft zu vertrauen. Auch dankbar in meinem Herzen für die freie Zeit zu sein, die sich mir nun bietet.

Position 7 Absicht, die dahinter steckt *Karte Fuchs*
Alles abzustreifen, was nicht mehr zu mir gehört, woraus ich eigentlich schon längst entwachsen war. Mehr meinen Instinkten zu vertrauen und mir etwas zu suchen, worin ich authentisch sein darf.

Position 8 Entwicklungsmöglichkeiten, Perspektiven *Karte Brief*
Durch Kontakte und Erfahrungen von anderen wichtige Informationen bekommen. Aber auch die Möglichkeit, mit dem Kartenlegen mir ein Standbein aufzubauen, Bücher zu schreiben, Legesysteme zu entwickeln.

FAZIT
Ich stehe gerade mitten in einem Prozess, der mir viel abverlangt und mich in unbekannte Gefilde bringt, die es zu erforschen gilt. Ich sollte meinem Herzen folgen und Vertrauen in mich und meine Fähigkeiten haben.

Viele Menschen machen sich das Leben oft selbst schwer und so ist es wichtig, seine Beweggründe zu klären. Denn alles, was wir denken, fühlen und tun, löst etwas aus, was wir selber erzeugt haben. Diesem universellen Gesetz von Ursache und Wirkung untersteht jeder auf dieser Erde und es liegt an uns, das Beste daraus zu machen. Voraussetzung dafür ist eine Ehrlichkeit, bei der uns die Weisheit der Karten helfen kann. Im Zwiegespräch mit den Karten offenbart sich unsere wahre Absicht und wir können viel in uns selbst ins Reine bringen. Oft kommen uns Herausforderungen in unserem Leben wie Prüfungen vor, die das Schicksal uns beschert hat. Doch mir gefällt viel mehr die Vorstellung, genau die Lebensumstände zu erschaffen, die ich mir in meinem Leben wünsche. Dazu ist es für mich wichtig, zu erkennen, wann und wo ich positives Karma erschaffen kann und wie ich es schaffe, noch mehr mieses Karma zu verursachen. Diese Selbstverantwortung macht mich zur Schöpferin meines Lebens und steigert meine Lebensqualität durch eine innere mitfühlende, gütige Haltung mir selbst und allen anderen Lebewesen gegenüber. Das schafft viel positives Karma, was mich und alle in meinem Umfeld glücklich macht.

Bei einem zweiten Beispiel einer 9er-Legung zum Thema Karma, und wie es sich in der aktuellen Situation zu erkennen geben mag, bestimmen wir folgende Positionen:

Legung „Karma, aktuelle Situation"

Hier sieht man, dass die Ursachen auf der linken Seite liegen und die Wirkung nur durch die Motivation verbunden wird und in einem Lösungsvorschlag endet.

Wir arbeiten also erst einmal, wie in der ersten Legung, die Ursachen ab, um die aktuelle Situation zu ergründen, um dann durch einen Motivationsimpuls eine positive Wirkung bis hin zu einer Lösungsmöglichkeit zu erarbeiten.

Deutungsabfolge:

X Karma, aktuelle Situation
Position 6 Ursache, das Potenzial
Position 4 Ursache, die Gefühle
Position 1 Ursache, die Gedanken
Position 2 Motivation, um eine Verbesserung zu bewirken
Position 3 Wirkung, wenn Folgendes beherzigt wird

Position 5 Wirkung, wenn man handelt
Position 7 Wirkung, die sich dann im Außen zeigt
Position 8 Lösung, wenn man positives Karma vermehrt

Dies sieht dann bei einem persönlichen Beispiel wie folgt aus:

Karma, aktuelle Situation *Karte Dame*
Ja es geht um mich, meine weitere Vorgehensweise. Eine spannende Zeit, in der ich auf mich selbst zurückgeworfen werde. Looking in the mirrow, very slowly picking me apart.

Position 6 Ursache, das Potenzial *Karte Sterne*
Die letzte Zeit hat tiefe Einsichten in größere Zusammenhänge in meinem Leben bewirkt, ausgelöst durch die Arbeitslosigkeit und die Frage nach meinen Idealen, um meiner Erfüllung in Zukunft näherzukommen.

Position 4 Ursache, die Gefühle *Karte Reiter*
Stark motiviert und begeistert gehe ich durch den Tag, da mir viele Dinge nun so viel leichter von der Hand geht. Der Druck ist von mir abgefallen und lässt mich spontan und selbstbestimmt sein.

Position 1 Ursache, die Gedanken *Karte Haus*
Die Gedanken kreisen um mein Zuhause und wie gerne ich dort bin und auch arbeiten kann. Ich empfinde es als Luxus, in meiner privaten Umgebung sein zu können und mich so ausleben zu können, wie es mir gerade in den Sinn kommt.

Position 2 Motivation, um eine Verbesserung zu bewirken *Karte Turm*
Diese Möglichkeiten würde ich gerne beibehalten und eine Selbständigkeit würde es mir ermöglichen, von zuhause aus zu arbeiten. Das ist ein Traum von mir.

Position 3 Wirkung, wenn folgendes beherzigt wird *Karte Schlange*
Manchmal gibt es noch Umwege zu gehen, können sich Verzögerungen zeigen, bis sich der Herzenswunsch erfüllen kann. Die Versuchung ist schon recht groß, nicht auf die Konsequenzen zu achten und einfach mich aus dem Arbeitsleben „da draußen" auszuklinken.

Position 5 Wirkung, wenn man handelt *Karte Mäuse*
Doch die Medaille hat natürlich zwei Seiten und ich spüre bereits die Sorge aufsteigen, ob ich genug damit verdienen kann, um meinen Beitrag zum Leben und allen Lebensbedingungen mit zu tragen. Das ist etwas, was meine Kreativität beeinflusst und zu einer Schreibblockade geführt hat.

Position 7 Wirkung, die sich dann im Außen zeigt *Karte Ringe*
Ja, leider bin ich nicht auf einer einsamen Insel, ab von allen Verpflichtungen und Verbindlichkeiten wie Rentenbeiträgen, Krankenkassenbeiträgen etc.
Andererseits gibt es für mich wichtige Beziehungen, die mir Mut machen und mir helfen, z. B. das Bücherschreiben in die Tat umzusetzen.

Position 8 Lösung, wenn man positives Karma vermehrt *Karte Park*
So oder so geht es darum, mich wieder aus dem Elfenbeinturm abzuseilen, mitten ins Leben hinein und ein Teil der Gemeinschaft zu werden, die ich mir aussuchen werde.

FAZIT
Es ist schon schön, diese Auszeit zu genießen – jedoch muss es auch wieder ins wahre Leben gehen, seufz.

Bei der nächsten 9er-Legung geht es um die Frage:

„Karma, positiv oder negativ?“

Auch hierbei geht es um das Anschauen der Lebenssituation und was man tun kann, um dem Schicksal eine gute Richtung zu geben. Denn das ist etwas, was ganz klar ist. Unser Schicksal ist beeinflussbar und das sollten wir für unsere Zwecke nutzen.

Hierzu werden folgende Positionen definiert:

1 Fühlen	2 Ent- scheidung	3 Handeln
4 Erforschen	**X** Karma	5 Ver- änderung
6 Erkennen	7 Loslassen	8 Loslösung

Bei der Deutung geht man wie folgt vor:

X Karma, positiv oder negativ?

Position 6 Seine Denkmuster/Glaubenssätze erkennen

Position 4 Sich erforschen, um sich selbst zu verstehen

Position 1 Fühlen, was das Herz einem sagt

Position 2 Eine Entscheidung treffen

Position 3 Handeln und Realität erschaffen

Position 5 Veränderung durch Entwicklung von Achtsamkeit

Position 7 Loslassen von dem, was schlechtes Karma schafft

Position 8 Loslösung und positives Karma entwickeln

Hierzu nun eine Legung für Maja, die sich fragt, wie sich das Karma in ihrem Leben zeigt, nicht nur gesundheitlich, sondern auch in der Wahl ihres Zuhauses.

Folgende Karten wurden von mir gezogen:

Reiter	Sterne	Park
Störche	Schlüssel	Lilien
Mond	Turm	Schiff

Bei der Deutung gehe ich dieser Reihenfolge vor:

X Karma, positiv oder negativ? *Karte Schlüssel*
Deine momentanen Lebensbedingungen sind der Schlüssel dafür, in dein ganzes Potenzial zu finden, die Realität anzuerkennen und deine Fähigkeiten unter schwierigen Bedingungen unter Beweis zu stellen. Hier geht es darum, Vertrauen in dich und das Leben zu entwickeln und dich für Möglichkeiten zu öffnen, die dir jetzt womöglich noch gar nicht als Lösung erscheinen.

Position 6 Seine Denkmuster/Glaubenssätze erkennen *Karte Mond*
Deine ganze Sensibilität ist gefordert und deine Ängste und Sorgen sind aus der Kindheit geprägt. Dein Hang zur Melancholie trübt deine Gemütslage und so manches Mal kannst du nicht zwischen Wunsch und Illusion unterscheiden. Deine Glaubensmuster sind geprägt von Emotionen, die einerseits deine Feinfühligkeit widerspiegeln und andererseits deinen Schatten an die Oberfläche kommen lassen. Verweile nicht in Sentimentalitäten, sondern nehme dein Innenleben an und sage dir: „Meine Feinfühligkeit zeigt mir den Weg und durch positive Gefühle vergeht alle Dunkelheit in mir."

Position 4 Sich erforschen, um sich selbst zu verstehen *Karte Störche*
Komme in Aufbruchstimmung und erforsche dein Inneres. So dass alles, was da kommen mag auf fruchtbaren Boden fallen kann. Immer wieder neue oder schwierige Begebenheiten fordern dich dazu heraus, flexibel zu sein und offen für ungewöhnliche, aber für dich machbare, Umsetzungen zu sein. Dein Einfallsreichtum hat dich bis jetzt immer gerettet und auch deine Entscheidungen haben dich genau dahin geführt, wo du jetzt gerade bist. Hast du die Lektion gelernt, kannst du entweder weiterziehen oder dein Zelt aufschlagen. Für dich ist es auf jeden Fall wichtig, einer Gemeinschaft anzugehören, die dich versteht und so akzeptiert, wie du nun einmal bist.

Position 1 Fühlen, was das Herz einem sagt *Karte Reiter*

Also komme in Bewegung und werde aktiv. Nimm dein Leben in die Hand, du bist eh motiviert das Beste aus deinem Leben zu machen. Nutze alle Botschaften, die das Leben dir gibt und definiere dich nicht nur aufgrund deiner Aktivitäten, sondern auch deiner Begegnungen mit anderen Menschen. Horche tief in dich hinein und gestehe dir ein, wie viel Beisammensein mit anderen du brauchst.

Position 2 Eine Entscheidung treffen *Karte Sterne*

Greife nach den Sternen und habe dabei deine spirituelle Entwicklung und deine ganz eigene Vision für dein Leben im Sinn. Hast du keine Vision, dann vertraue auf deine Wünsche und versuche, sie in die Realität zu bringen. Deinem Leben die Tiefe zu geben, die es verdient, ist hier oberste Priorität. Hast du erst tiefe Einsichten in größere Zusammenhänge gewonnen, fällt es dir nicht mehr schwer, die für dich richtigen Entscheidungen zu treffen.

Position 3 Handeln und Realität erschaffen *Karte Park*

Ein gesundes soziales Netzwerk ist wichtig für deine geistige Gesundheit. Deshalb ist es wichtig, deine Masken fallen zu lassen und ohne Vorbehalt vom Leben zu fordern, was du brauchst. Also hinterfrage dein Auftreten in der Öffentlichkeit und überlege dir, wie du deine Ziele umsetzen kannst. Brauchst du mehr Zuwendung, dann komme aus deinem Schneckenhaus heraus und zeige dich. Kannst du nicht gut allein sein, dann schaffe dir durch Mitbewohner eine Hausgemeinschaft, die wahre Nachbarschaft lebt. Nur du kannst deinen Platz im Leben bestimmen, Einsamkeit sollte nicht dabei sein, höchstens selbst gewählte Zurückgezogenheit, bei der man sich selbst genügt.

Position 5 Veränderung durch Entwicklung von Achtsamkeit *Karte Lilien*

Wenn du in deine innere Mitte findest und in dein seelisches Gleichgewicht kommst, erscheint dir die Welt viel harmonischer und freundlicher. Wertschätze die Zuwendung und Zeit, die deine Familie mit dir teilt, sei dankbar für zwischenmenschliche Begegnungen, die dich und den anderen berühren und nehme dich und deine momentane Situation so an, wie sie nun mal gerade ist. Komme in Frieden mit dir und deiner Welt und zeige dich in deiner ganzen Schönheit.

Position 7 Loslassen von dem, was schlechtes Karma schafft
Karte Turm
Also, lasse dein Haar herunter und klettere aus deinem Elfenbeinturm heraus. Das Leben hat dir noch mehr zu bieten und fordert einen Weitblick von dir, der über deinen Tellerrand hinaus geht. Stecke deine Grenzen nicht so eng, sondern wachse über dich hinaus und reflektiere deine Situation. Überwinde die Isolation, solange sie nicht selbst gewählt ist und sehe es mehr wie eine Zwangspause an, die dich lehrt, wieder einmal aus dir herauszuwachsen, über deine Grenzen hinauszugehen und dir selber zu beweisen, was da alles noch möglich ist.

Position 8 Loslösung und positives Karma entwickeln *Karte Schiff*
Wie gesagt, es beginnt in deinem Kopf als Möglichkeit. Gestehe es dir zu, dass du dir genau das vorstellst, was du jetzt gerade brauchst. Vertraue in deinem Herzen auf eine gute Weiterentwicklung und sei dabei geduldig mit dir. Mache dein Leben wieder zum Abenteuer, in dem du die Hauptperson bist und mache Platz für deine Wünsche und Sehnsüchte, die dir immer den richtigen Weg zeigen.

FAZIT
Bist du mit deiner Situation nicht zufrieden? Gut so, denn du bist ein soziales Wesen mit Bedürfnissen und dem Wunsch nach Zuwendung. Lasse es in deinem Kopf nicht mehr zu, nur daran zu denken, wie schwierig alles ist, sondern sei Schöpferin deiner neuen Realität. Zunächst im Kopf als positive Perspektive, und dann verstärke diesen Gedanken mit deiner Herzensenergie, damit sie in Resonanz mit der Matrix gehen kann und dir mit ihrer Fülle antworten kann. Denke daran, du hast den Schlüssel in dir!

Feedback von Maja
Diese Legung ist ganz wunderbar! Ganz herzlichen Dank dafür! Du hast die Situation erkannt. Die Legung bestätigt zum großen Teil was ich schon wusste. Aber oft habe ich mich gefragt, ob alles nur Wunschdenken ist, oder es Hirngespinste sind. Danke für diesen Input, der mir wiederum Auftrieb gibt! DANKEE!
Ganz liebe Grüße Maja

Legung Der Stern

Diese Legung zeigt uns die Hintergründe, den blinden Fleck, der zur Karmalösung erkannt werden sollte.

Hier wird entsprechend der Kartenabfolge gedeutet:

1 – Ursache/Karma
2 – blinder Fleck/Blockade
3 – Handlung/Motivation
4 – Orientierung/Ausrichtung
5 – Wirkung/Karmaauflösung
6 – Loslösung

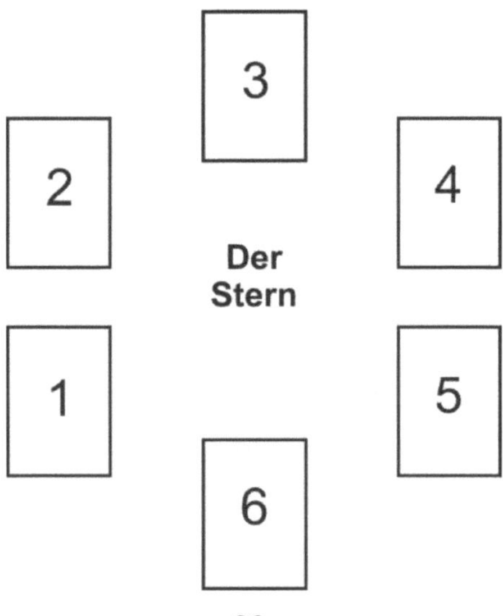

Hier eine Legung für Heike, die immer wiederkehrende Muster in ihrem Leben identifiziert hat und wissen möchte, was dahinter steckt.

Dazu habe ich folgende Karten gezogen:

1 – Ursache/Karma *Karte Wege*
Kann es sein, dass dir Entscheidungen schwer fallen? Du dich oftmals hin und her gerissen fühlst und mit deinem Leben haderst? Oft bietet dir das Leben Möglichkeiten, die du als solche nicht erkennst oder die dir den Anstoß dazu geben, unentschlossen und zögernd alles haarklein zu hinterfragen? Vielleicht ist es wichtig, sich überhaupt zu entscheiden und einen Weg zu beschreiten. Ist er nicht der richtige, kehre um und versuche den anderen Weg. Es gibt keine 100%ige Garantie für richtige Entscheidungen, nur den Mut, sie zu treffen und dann konsequent danach zu handeln. Kann es sein, dass dein Gegenüber deinen Wankelmut bemerkt und dich vielleicht so manches Mal aus der Reserve locken möchte?

2 – blinder Fleck/Blockade *Karte Lilien*
Dir fehlt die innere Ruhe und Gelassenheit, die Gewissheit, gut genug zu sein und durch dein inneres Gleichgewicht dein Umfeld von

dir zu überzeugen. Deine Lebensfreude wird getrübt, wenn die anderen deine Schönheit nicht anerkennen. Doch bist du selber davon überzeugt, dass sie in dir ist und nach außen für Harmonie in deinem Leben sorgt? Es mutet hier eher so an, dass es dir an Selbstannahme fehlt und wenn du nicht an dich glaubst, warum sollte es dann ein anderer tun?

3 – Handlung/Motivation *Karte Sense*
Also, mache einen Schlussstrich und ziehe die entsprechenden Konsequenzen. Was bedeutet das für dich? Setze dich selber nicht mehr unter Druck, zu funktionieren und den Erwartungen der anderen zu entsprechen. Es ist das Prinzip von Ursache und Wirkung, also trenne dich von diesen destruktiven, verletzenden Gedanken, nicht gut genug zu sein. Nur du gibst dir deinen Wert und bestimmst, was du verdienst. Mache eine Kehrtwendung und ernte, was du säst. Werte Angriffe nicht mehr als Fehler deiner selbst, sondern als das, was sie sind, unberechtigte Aggression, die von Menschen kommt, die mit ihrer Wut nicht umzugehen wissen. Eliminiere Energieräuber aus deinem Leben und lasse nicht mehr zu, dass sie deinen wunden Punkt triggern.

4 – Orientierung/Ausrichtung *Karte Klee*
Finde wieder in die Leichtigkeit und Freude, die das Leben dir eigentlich schenken möchte. Zugegeben, das ist nicht leicht, aber machbar! Du hast die Chance, dich jetzt deinen Schattenseiten zu stellen und glückliche Fügungen und gute Gelegenheiten wieder für möglich zu halten. Ja, du musst dein Glück erwarten und vollkommen zuversichtlich sein, dass die Lebensfreude wieder bei dir einkehrt. Also übe dich in Optimismus, wisse, du bist etwas Kostbares, was alle spüren sollten. Entdecke das kleine Glück und lasse es in deinem Herzen immer größer werden.

5 – Wirkung/Karmaauflösung *Karte Haus*
Denn in Wirklichkeit geht es doch darum zu dir zu finden. Alles ändert sich, wenn du dir den rechten Stellenwert gibst und diesen auch nach außen hin einforderst. Nehmen andere deine Bedürfnisse wahr? Egal, wenn nicht dann sorge selber dafür und fange

wieder an, dich in deiner Haut wohl zu fühlen. Das kannst nur du für dich tun. Bist du in dir zu Hause und geborgen, kann dir keiner deinen Wert und deinen Platz streitig machen. Beginne in deinem Privatleben dies zu verwirklichen und strahle es dann in deine Umgebung aus. Dann bemerken die anderen deine Kraft und innere Stabilität und stellen dich und deine Meinung nicht mehr in Frage.

6 – Loslösung *Karte Mäuse*
Löse dich von Mangelgedanken, die dir vorgaukeln wollen, dass die göttliche Quelle für dich nicht zur Verfügung steht. Es ist dein Geburtsrecht und du brauchst auf nichts von dem zu verzichten, was sie dir an Fülle zu bieten hat. Kannst du es sehen und fühlen, oder konzentrierst du dich noch auf die Entbehrungen, den Kummer und die Sorgen? Überwinde jegliche Schüchternheit oder Grübelei und lasse das Leben und seine Einfachheit die Magie verbreiten, die du jetzt brauchst, um diesen Selbstbetrug zu beenden. Zeige Demut, den Mut der göttlichen Quelle zu vertrauen und mache dich bereit, ihre Segnungen zu empfangen. Du verdienst es!

Feedback von Heike
Wenn ich mich für Wege entschieden habe und es lief nicht so, wie ich mir das wünschte, hieß es gleich: du hast dich entschieden, nun komm klar. Vielleicht muss ich am Thema Schuldzuweisung arbeiten.
Ich bin ein total ruhiger und gelassener Mensch, aber ich kann keinen Streit ertragen, versuche immer für Harmonie zu sorgen.
Selbstannahme, ja, da arbeite ich schon seit Jahren dran.
Ja, das Thema Energieräuber. Stimmt. Im Moment bemerke ich es erst, wenn es mal wieder passiert ist.
Das Glück erwarte ich schon lange. Aber ich bin ein total optimistischer Mensch, rufe das Negative nicht mit solchen Gedanken herbei.
Wirkung: das gilt es zu lernen. Ich stelle mich meistens hinten an.
Loslösung: Ja, ich bin sehr schüchtern, was mir oft als eingebildet ausgelegt wird. Und Demut zeigen, da bin ich auf einem guten Weg.

Die 9er-Legung „Wenn das Schicksal ins Leben tritt, unerwartetes Ereignis“

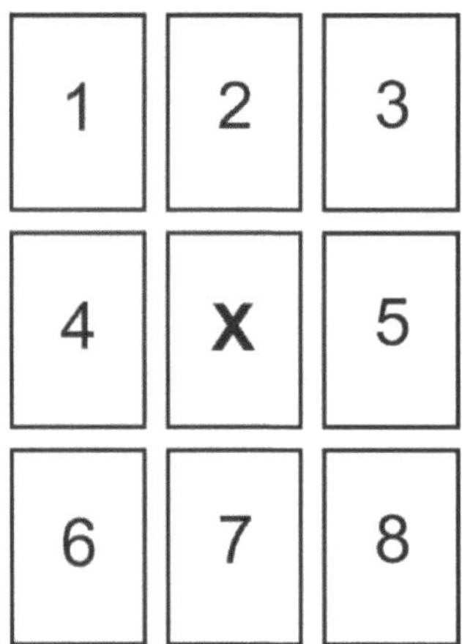

X Wenn das Schicksal ins Leben tritt, unerwartetes Ereignis
Position 6 Das bürdet einem das Schicksal auf
Position 4 Das ist besonders als Lernerfahrung zu beachten
Position 1 Dafür ist die richtige Zeit, der richtige Zeitpunkt
Position 2 Hier ist Eigeninitiative gefordert
Position 3 Das gilt es zu akzeptieren, so wie es ist
Position 5 Das wird eine Rolle spielen und nimmt Einfluss
Position 7 Das kann man nicht beeinflussen, kontrollieren
Position 8 Das zeigt sich langfristig, Entwicklung

Eine Legung für Claudia, die sich wünscht, mit ihrem Wissen an die Öffentlichkeit zu gehen und erfolgreich zu sein, da sie viel zu geben hat.

Ich habe folgende Karten gezogen:

Fuchs	Kind	Hund
Park	Herr	Wolken
Fabrik	Mond	Schlüssel

Dabei komme ich zu folgender Deutung:

X Wenn das Schicksal ins Leben tritt, unerwartetes Ereignis
Karte Herr
Es ist Handlungsbedarf und du solltest aktiv werden. Der Herr zeigt an, dass du bald wissen wirst, was du tun musst, um dein Leben so zu gestalten, wie es deinen Fähigkeiten entspricht. Doch die Fragestellung zeigt bereits, dass es dir im Moment nicht klar ist, was du in deinem Leben verwirklichen solltest. Das schauen wir uns jetzt einmal genauer an.

Position 6 Das bürdet einem das Schicksal auf *Karte Fabrik*
Die Fabrik zeigt uns immer, dass wir an einem Projekt arbeiten, für das wir noch einige Anstrengungen zu leisten haben. Zeit und Engagement müssen investiert werden, um ein stabiles Fundament zu erschaffen. Diese Karte zeigt den Werdeprozess, in dem man seine Talente einsetzen kann. Du bringst etwas Neues in die Welt und drückst deine Talente und dein Potenzial gewinnbringend aus.

Position 4 Das ist besonders als Lernerfahrung zu beachten
Karte Park
Dich in der Öffentlichkeit zu präsentieren, fordert Offenheit und ein klares Konzept, was du dir noch erarbeiten solltest. Nur so kannst du vor anderen bestehen und dann ist es für dich kein Problem, dich so zu zeigen, wie du bist. Der Park fordert dich auf, authentisch zu sein und sachlich deine Rahmenbedingungen einzuschätzen. Eine realistische Einschätzung wird dir helfen, zu erkennen,

wo du gerade stehst und was es noch braucht, um vor den anderen zu bestehen.

Position 1 Dafür ist die richtige Zeit, der richtige Zeitpunkt *Karte Fuchs*
Der Fuchs zeigt an, dass es gerade noch nicht der richtige Zeitpunkt ist, in die Öffentlichkeit zu gehen. Irgendetwas ist da noch nicht erledigt, noch nicht richtig rund und bedarf der Nacharbeit. Vertraue deinen Instinkten, die dir zeigen werden, was da noch nicht richtig wahrhaftig ist. Ist es noch innere Arbeit, die geleistet werden muss, oder hapert es an der Umsetzung und dem entsprechenden Netzwerk?

Position 2 Hier ist Eigeninitiative gefordert *Karte Kind*
Es gilt, Schritt für Schritt voranzugehen und es als einen Lernprozess zu sehen. Zeige dich verspielt und neugierig und lasse die Leichtigkeit wieder in dein Leben. Nimm den Druck raus und vertraue deinen Gaben, etwas in die Welt zu bringen, was wirklich aus dir heraus geboren wird. Und dem wirklich deinen Stempel aufzusetzen, unschuldig und mit einer neuen Facette, die die Welt jetzt braucht.

Position 3 Das gilt es zu akzeptieren, so wie es ist *Karte Hund*
Entscheidend ist, dir selber treu zu bleiben, dich nicht zu verbiegen, weil du meinst, es wird von dir erwartet. Lege die Motivation, zu helfen und dich so einzubringen, wie du bist, dem zugrunde und ziehe in Erwägung, auch mal selber Hilfe anzunehmen.

Position 5 Das wird eine Rolle spielen und nimmt Einfluss *Karte Wolken*
Dann werden sich die Nebel verziehen und du wirst den Durchblick erlangen, der dir gerade noch fehlt. Womöglich wird es dir wie Schuppen von den Augen fallen und du wirst wissen, dass du dann klar erkennst, was noch nötig ist, um dein Vorhaben in die Tat umzusetzen.

Position 7 Das kann man nicht beeinflussen, kontrollieren *Karte Mond*
Zurzeit sind noch widersprüchliche Gefühle in dir, die dir aber wichtige Impulse geben. Denn es ist wichtig, mit deiner Feinfühligkeit und Empfänglichkeit angemessen umzugehen. Das, was da in dir träumt, wird sich verwirklichen und nicht nur deine medialen Fähigkeiten stärken, sondern dich auch sensibel darauf reagieren lassen, was da von außen an Gefühlen anderer Menschen auf dich zukommt. Die Verbindung zu deiner Intuition ist etwas, was dich durch dieses Gefühlschaos anderer leiten kann, also vertraue!

Position 8 Das zeigt sich langfristig, Entwicklung *Karte Schlüssel*
Du wirst den Schlüssel, die Lösung finden und dich noch mehr dem öffnen, was du umsetzen möchtest. Alles ist in dir angelegt, und du wirst diese Realität erschaffen in der du die Kompetenz zeigst, die es braucht, um mit Menschen auf deine ganz eigene Art zu arbeiten. Kläre deine innere und äußere Welt, sei dir gewiss des Erfolgs, der dann für dich kommt und stabilisiere dich, damit du deiner Bestimmung folgen kannst.

FAZIT
Du stehst in den Startlöchern und es gilt nur noch wenige Dinge zu berücksichtigen, damit du auf dein volles Potenzial zurückgreifen kannst. Hast du alles in dir geklärt, öffnen sich Türen und du kannst dir womöglich auch mit Unterstützung etwas aufbauen, was dir eine gute Basis bietet, deine Fähigkeiten der Welt zu schenken.

Feedback von Claudia
Liebe Andrea, vielen lieben DANK für die Legung, die sehr stimmig ist...etwas arbeitet noch in mir und ich bin gerade dabei, zu lernen, wie ich handle, was ich von außen empfange – mit dem Wissen, dass es meist nichts meines ist... ich werde berichten

...ohne Druck war wieder ein wichtiger Hinweis... falle immer wieder dorthin zurück, mich selbst unter Druck zu setzen

...hm...und ich habe die Karte gezogen, dass es mit Erinnerungen an vergangene Leben zu tun hat... da wollte sich jetzt bei dir das Karma wohl nicht zeigen... schade...

Nun folgen noch zwei Legungen, die ich als magisch bezeichne. Weshalb? Weil die Karten nicht nur auf ihrer Position gedeutet werden, sondern auch in Zusammenhang mit den anderen Karten gesetzt werden. Ein bisschen schwieriger, aber wir wollen ja auch etwas dazulernen ;0)

Legung „Die magische Drei"

Bei dieser Legung setzen wir sogenannte Rahmenbedingungen, die uns durch die Deutung begleiten. Wir schauen uns das mal anhand eines Beispiel an.

Die Legung wird in folgender Reihenfolge gedeutet:

1 - Ursache Karten 1,2,3
2 - Erwartung Karten 1,4,7
3 - Wirkung Karten 4,5,6
4 - Aufgabe Karten 2,5,8
5 - Konsequenz Karten 7,8,9
6 - Lösung Karten 3,6,9

Anhand dieses Beispiels wird klarer, wie man durch die Legung geht.

Sonja wünscht sich ein kleines, sonniges Zuhause und weiß nicht, warum es nicht klappt.

Dazu habe ich folgende Karten gezogen:

Schlange	Mond	Fabrik
Kreuz	Vögel	Sterne
Fuchs	Sarg	Sonne

....daraus ergibt sich folgende Deutung..........

1 — Ursache Karten 1,2,3 *Schlange-Mond-Fabrik*
Du bist nicht wirklich mit deiner Intuition verbunden, möchtest die Haussuche mit dem Verstand regeln, doch es erweist sich als schwierig, die Vorstellungen, die vielleicht etwas zu hoch gegriffen sind, wirklich zu manifestieren. Da fehlt es noch an Vorarbeit, um realistisch zu sein und das Gefühl, dass es schwer ist, etwas zu finden, zu überwinden.

2 – Erwartung Karten 1,4,7 *Schlange-Kreuz-Fuchs*
Hier wird noch einmal die schwere der Situation deutlich, die Belastung, die durch die Schwierigkeiten verstärkt wird und dich zweifeln lässt, ob es der richtige Ort oder der richtige Zeitpunkt ist.

3 – Wirkung Karten 4,5,6 *Kreuz-Vögel-Sterne*
Das erzeugt in dir Stress und Anspannung, was dem im Wege steht, wonach du eigentlich suchst. Nach einem Ort, der dir Erfüllung bietet und deinen Idealen entspricht. Diese Last beeinflusst deine Vision und sabotiert, dass du nach den Sternen greifst.

4 – Aufgabe Karten 2,5,8 *Mond-Vögel-Sarg*
Überprüfe deine Gefühle, die mit dem Wunsch nach einem schönen Heim zusammenhängen. Nimm allen Druck und Stress da raus und löse dich von allen schlechten Gefühlen des Scheiterns. So kannst du diese Negativspirale transformieren und Platz schaffen für eine andere Qualität an Gefühlen, mit denen keine Belastung einhergeht.

5 – Konsequenz Karten 7,8,9 *Fuchs-Sarg-Sonne*
Also, beende das, was da falsch läuft und von dir selber initiiert wird. Gehe in Resonanz mit deiner positiven Lebensfreude und sorge dafür, dass der Verwirklichung deines Wunsches nichts mehr im Wege steht.

6 – Lösung Karten 3,6,9 *Fabrik-Sterne-Sonne*
Irgendwie bedarf es noch mehr Vorstellungskraft und tiefer Einsichten in größere Zusammenhänge, um das Licht am Ende des Tunnels zu sehen. Was ist es, was du in die Matrix ausstrahlst? Bist du dir selber es wert, dir diesen Wunsch zu erfüllen? Ist es die Gewissheit, deinem Ziel schon ganz nah zu sein? Fühle in dich hinein und strahle nur noch Optimismus und Zuversicht aus, damit das Glück dir genau den Ort zeigt, der für dich genau richtig passt. Glaube an deinen Erfolg bis in die kleinste Zelle und erhöhe deine Energie des Gelingens und der Fülle in der Welt, so dass die Matrix dir das schenken kann, wonach es in dir träumt.

FAZIT
Wie zu sehen ist, sind es die inneren Bedingungen, die nicht positiv ausgerichtet sind. Vergiss all die bisherigen Fehlschläge und richte dich neu aus. Optimismus, Zuversicht und deine magnetische Strahlkraft werden genau das in dein Leben ziehen, was dein Leben mit Wärme und Fülle beseelt und [genau das in dein Leben ziehen,]was du brauchst, um glücklich zu sein. Sei jetzt schon glücklich und empfinde es so, als hättest du dein Traumhaus bereits gefunden. Die Dankbarkeit darüber wird die Schleusen öffnen und alle Belastung nehmen. Alles wird gut!

Feedback von Sonja

Hallo Andrea, ich danke dir von ganzem Herzen für diese Legung, es trifft zu 100 % auf mich zu. Als ich zum zweiten Mal meinen Garten und das Haus hergeben musste wegen räumlicher Trennung, dachte ich, ach so ein kleines feines Häuschen steht irgendwo und wartet auf mich, dennoch durch die Suche und Gespräche mit Freunden Familie und als mein Banker dann noch sagte, genießen Sie doch Ihr Leben, fahren sie in Urlaub und stürzen Sie sich nicht in Unkosten in Ihrem Alter, fing ich an, genau das, was Deine Legung aussagt, zu machen – bin ich es wert, willst du das?

Ich danke dir sehr. Herzliche Grüße Sonja

Ich möchte noch einmal kurz auf die „Absicht“ eingehen, denn es zählt, die Absicht die hinter der Handlung steckt. Da stellt sich die Frage: Warum mache ich etwas, was sind meine Beweggründe? Bin ich wirklich so, wie ich es nach außen zeige? Oder verfolge ich eine manipulative Absicht, um ein Ziel zu erreichen? Wenn wir Karma positiv einsetzen wollen, ist es wichtig, uns unserer Gedanken, Gefühle und Taten und wirklichen Beweggründe dahinter bewusst zu machen. Je mehr man echt, also authentisch, ist, umso mehr kann man das Karma für sich arbeiten lassen. Wenn man bedenkt, dass man nicht karmafrei sein kann, ist das ein wichtiger Aspekt.

Hierzu möchte ich euch meine kleine Karma-Matrix anbieten, die euch alles aufzeigt, um positives Karma zu erschaffen.

Die kleine Karma-Matrix

Hier wird die Anordnung der Positionen wie folgt festgelegt:

	Ursache	Absicht	Wirkung
Hintergrund	1	2	3
Karma	4	X	5
Lösung	6	7	8

Die Deutungsabfolge ist hier:

1 – Ursache Karten 1,4,6
2 – Hintergrund Karten 1,2,3
3 – Absicht Karten 2,X,7
4 – Karma Karten 4,X,5
5 – Wirkung Karten 3,5,8
6 – Lösung Karten 6,7,8

Eine Legung für Sabine, die sich gerne beruflich verändern möchte, alles nach Veränderung drängt, doch der Mut nicht aufgebracht wird, die Komfortzone zu verlassen.

Hierzu habe ich folgende Karten gezogen:

Sterne	Turm	Blumenstrauß
Hund	Mäuse	Herr
Sarg	Baum	Bär

Daraus ergibt sich folgende Deutung:

1 – Ursache Karten 1,4,6 *Karten Sterne-Hund-Sarg*
Das, was da in dir träumt, möchte verwirklicht werden. Denn es ist wichtig, ganz bei dir zu sein und dir selber treu zu bleiben. Wenn sich dein Lebensmodell mit der Zeit geändert hat, ist es wichtig, zu beenden, was dir nicht mehr gut tut. Es dient deiner spirituellen Entwicklung, dich zu transformieren.

2 – Hintergrund Karten 1,2,3 *Karten Sterne-Turm-Blumenstrauß*
Denn du solltest deinen Wünschen mehr Beachtung schenken, sie nicht in dir verschließen. Deine Kreativität möchte zum Ausdruck gebracht werden und dafür musst du deine alten Grenzen, die du dir selber gesetzt hast, überwinden.

3 – Absicht Karten 2,X,7 *Karten Turm-Mäuse-Baum*
Denn du möchtest dich aus der Isolation befreien, den Kummer beenden, der durch das Zurücknehmen deiner Bedürfnisse entsteht. Dies bringt dich in die Heilung und lässt dich wachsen.

4 – Karma Karten 4,X,5 *Karten Hund-Mäuse-Herr*
Denn es ist deine Aufgabe, dein Mitgefühl und deine Hilfsbereitschaft in deiner beruflichen Tätigkeit zu leben. Der Kummer wird so lange nicht vergehen, bis du es ernst nimmst und daran arbeitest, dir etwas Neues im sozialen Bereich aufzubauen.

5 – Wirkung Karten 3,5,8 *Karten Blumenstrauß-Herr-Bär*
Das wird dich wieder lebendig sein lassen und du wirst es als Geschenk empfinden, dich und dein Tun selbstbewusst und mit deiner ganzen Kraft zu leben.
Zu erkennen, was da wirklich alles in dir steckt.

6 – Lösung Karten 6,7,8 *Karten Sarg-Baum-Bär*
Du weißt es schon, es ist unumgänglich, deine Komfortzone zu verlassen. Habe Geduld mit dir und erlaube dir zu wachsen. Erinnere dich an vergangene Zeiten, als du für etwas gebrannt hast und nutze diese Erinnerung, um sie auf deine aktuelle Situation zu übertragen. Es bedarf auch deiner Willenskraft und deines Durchsetzungsvermögens, dein Ziel fest im Auge zu behalten und dich nicht mehr beirren zu lassen.

FAZIT
Alles ist besser, als in diesem Kummer und Elend sitzen zu bleiben. Das Leben fordert es immer wieder aufs Neue von uns, uns Veränderungen zu stellen. Selbst wenn du noch nicht weißt, wohin es dich führen wird, mache dich auf den Weg. Der Weg ist das Ziel und er wird dir zeigen, wohin es dich als Nächstes führen wird. Entwickle eine Vision und dann vertraue in deine Zukunft. So wird dir auch so manche Hilfe zuteil, die du jetzt noch gar nicht sehen kannst.

Da Sabine noch einen Wunsch nach einem Hund hat, jedoch ihr Mann dagegen ist, werde ich noch folgende Legung machen.

Aufeinander zugehen Variante 1

Wir legen in gewohnter Reihenfolge aus:

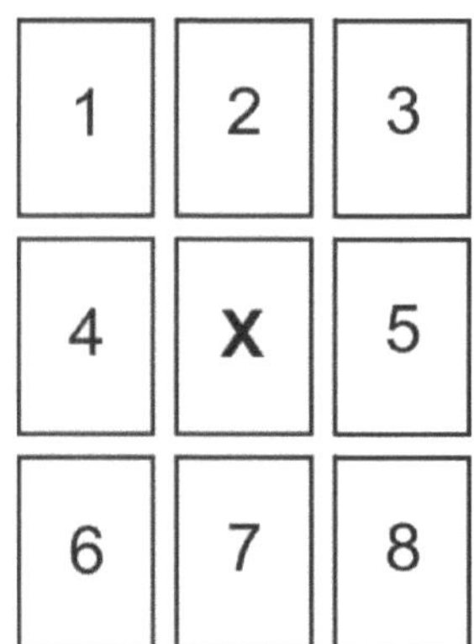

Hierzu habe ich folgende Karten gezogen:

Klee	Sterne	Herr
Baum	Hund	Bär
Blumen	Brief	Mäuse

Daraus ergibt sich folgende Deutung:

X aktuelles Thema *Karte Hund*
Diese Karte ist der Platzhalter für den Wunsch, sich einen Hund anzuschaffen.

Position 1 Ursache *Karte Klee*
Es würde dich einfach glücklich machen und Freude und Leichtigkeit in dein Leben bringen, einen pelzigen Gefährten zu haben.

Position 2 was trennt *Karte Sterne*
Doch es bleibt ein Wunsch, der nicht in Erfüllung geht, wenn du es deinem Mann nicht klar machen kannst, wie wichtig dir dieser Herzenswunsch ist.

Position 3 Wirkung *Karte Herr*
Denn bis jetzt sieht dein Mann keine Veranlassung, sein Nein infrage zu stellen und seinen Standpunkt zu verändern.

Position 4 für sie wichtig *Karte Baum*
Für dich ist die Beziehung zu einem Hund lebensbereichernd. Sie lässt dich lebendig sein und das Thema ist für dich noch nicht abgeschlossen.

Position 5 für ihn wichtig *Karte Bär*
Für ihn ist es wichtig, seine Autorität zu beweisen, das letzte Wort zu haben. Womöglich auch, die Nummer 1 zu bleiben und seine Bequemlichkeit nicht zu verlieren.

Position 6 was verbindet *Karte Blumenstrauß*
Freude, die so ein neuer Lebensgefährte mit sich bringen könnte, wäre vielleicht eine Chance, deinen Mann umzustimmen. Ihm zu zeigen, wie sehr es bereichern kann, einen treuen Gefährten zu haben.

Position 7 aufeinander zugehen *Karte Brief*
Es wird wichtig sein, neu auf deinen Mann zuzugehen und ihm wirklich zu sagen, wie wichtig dir dieser Wunsch ist. Vielleicht hast du dich da viel zu schnell einschüchtern lassen und nicht genug deinen Standpunkt verteidigt.

Position 8 Perspektive *Karte Mäuse*
Das sieht nicht gut aus, denn es scheint so, als würde sich dein Mann durchsetzen, wenn du ihm nicht deutlich machst, wie sehr dir das Kummer bereitet, auf einen Hund verzichten zu müssen.

FAZIT
Wenn es wirklich dein Herzenswunsch ist, einen Hund zu besitzen, dann mache dir klar, dass es dann in deiner Verantwortung liegt, dafür zu kämpfen. Immerhin steht es 50/50, also unentschieden und du musst dir schon was einfallen lassen, um deiner Bitte Nachdruck zu verleihen. Lasse dich nicht einschüchtern, denn wie man sieht, würde es dich wirklich sehr glücklich machen. Also zeig dich und mache eine Ansage!

Feedback von Sabine
Hallo liebe Andrea,
Erst einmal vielen lieben Dank für deine tolle Legung. Sie ist sehr stimmig und ich finde mich da total wieder. Ich tue mich echt schwer, raus aus meiner Komfortzone zu kommen, mag nicht so gerne Veränderungen, weiß aber auch ganz genau, dass ich etwas ändern muss. Sagt mir meine innere Stimme jeden Tag.

Bin gerade dabei, Bewerbung zu schreiben, deswegen bin ich auch noch nicht so konsequent bei dem Thema Hund, muss erst mal meine berufliche Situation klären, ich muss dem Hund ja auch gerecht werden. Dann nehme ich mir meinen Mann vor. Für eine Pflegestelle konnte ich ihn schon begeistern. Läuft.

In diesem Sinne, lieben Dank, für deine ganzen tollen Legungen
Sabine

Da so viele danach fragen, hier eine Legung für die Klärung, ob man eine besondere Verbindung zu einem Menschen hat. Für mich persönlich sind alle Menschen, die eine tiefere Bedeutung für mich haben, Seelenpartner. Die Vorstellung, sich in einer Seelengruppe vor der Inkarnation verabredet zu haben, welche Rolle man im Leben des anderen spielt, gefällt mir sehr gut.

Um eine solche Verbindung, die nicht immer in einer Partnerschaft sein muss, besser zu verstehen, kannst du diese Legung **„Die besondere Verbindung“** nutzen.

„Die besondere Verbindung“

Sie wird wie folgt ausgelegt:

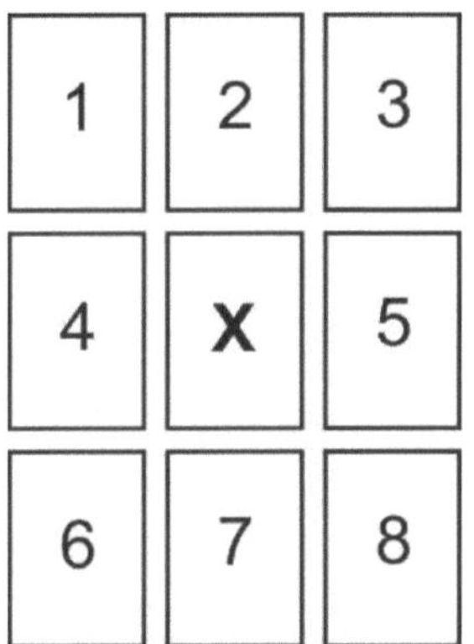

Die einzelnen Positionen bedeuten:

X Seelenpartner, hier kann eine Personenkarte ausgelegt werden wie Dame, Herr, Bär, Hund etc. oder eine Karte frei gezogen werden, um eine Aussage über die Person, nach der man fragt, zu bekommen.
Position 6 Was ist eure gemeinsame Basis?
Position 4 Was verbindet euch?
Position 1 Was ist schwierig zwischen euch?
Position 2 Seine Lernaufgabe
Position 3 Ihre Lernaufgabe
Position 5 Karma – Ursache und Wirkung
Position 7 Was heilt die Beziehung?
Position 8 Gibt es eine gemeinsame Zukunft?

Zu diesem Thema möchte ich euch noch eine weitere Variante der Legung **Aufeinander zugehen** anbieten. Hier kann durch die Legung herausgearbeitet werden, was gerade los ist und wie man aufeinander zugehen kann.

Aufeinander zugehen Variante 2

Wir legen in gewohnter Reihenfolge aus:

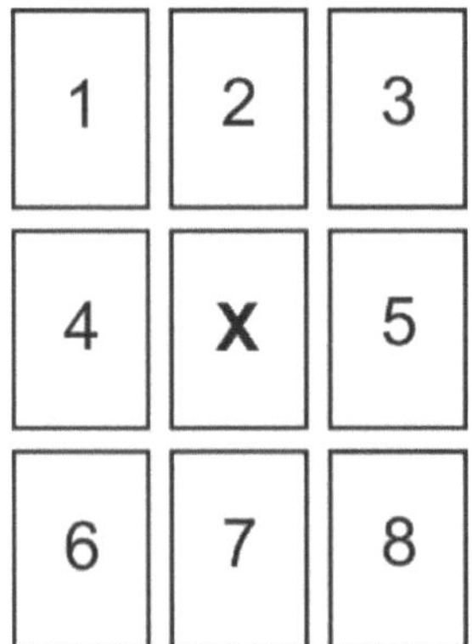

Variante 2:

X aktuelles Thema
Position 6 Ursache
Position 4 was trennt
Position 1 was verbindet
Position 2 aufeinander zugehen
Position 3 Perspektive
Position 5 für sie wichtig
Position 7 für ihn wichtig
Position 8 Auswirkung

Dazu einmal ein persönliches Beispiel.

X aktuelles Thema *Karte Dame*
Es geht um dich und deine Empfindsamkeit. Was kannst du annehmen und was gilt es, mit Geduld sich entwickeln zu lassen in deiner Partnerschaft bzw. Freundschaft.

1 Ursache *Karte Wege*
Die Lebenssituation bietet gerade verschiedene Möglichkeiten und es ist gar nicht so leicht, die für dich richtige Lösung zu finden.

2 was trennt *Karte Ring*
Die Routine und das alltägliche Einerlei wirkt ermüdend, jedoch ist die Verbindung innig und verbindend.

3 was verbindet *Karte Hund*
Eine tiefe Freundschaft, die auf gegenseitiger Unterstützung ruht und dauerhaft und verlässlich ist.

4 aufeinander zugehen *Karte Haus*
Das Privatleben lebendig gestalten, Geborgenheit und Sicherheit einander bieten und eine Basis schaffen, um Neues ins Leben zu lassen.

5 Perspektive *Karte Mond*
Auf der Gefühlsebene in Verbindung bleiben, und der Romantik wieder mehr Raum bieten.

6 für sie wichtig *Karte Ruten*
Darüber sprechen, was man als langweilig empfindet und sich mit dem Partner darüber auseinandersetzen, wie man das wieder beleben kann.

7 für ihn wichtig *Karte Sterne*
Er sollte sich öffnen und seine Träume mit ihr teilen. Klarheit darüber zu gewinnen, welche Erwartungen realistisch sind.

8 Auswirkung *Karte Herz*
Dies wird dazu führen, dass die Liebe neu belebt wird, aufbauend auf dem, was eh da ist und Wärme und Zuneigung, die Basis für die Partnerschaft, bleibt.

Die Legung „**Wo sich karmische Muster zeigen**" ist noch einmal eine gute Möglichkeit, um sich zu verdeutlichen, was man sät und deshalb erntet.

Wo sich karmische Muster zeigen"

Hierzu werden folgende Positionen bestimmt:

Fakten	Intuition	Weisheit
Hintergrund	Thema	Karma schaffen
Grundlage	Fügungen	Ernten, was man sät

X Thema, wo sich karmische Muster zeigen
1 – Fakten
2 – Intuition
3 – Weisheit
4 – Hintergrund
5 – Karma schaffen
6 – Grundlage
7 – Fügungen, Synchronizitäten
8 – Ernten, was man sät

Wir legen in folgender Reihenfolge aus:

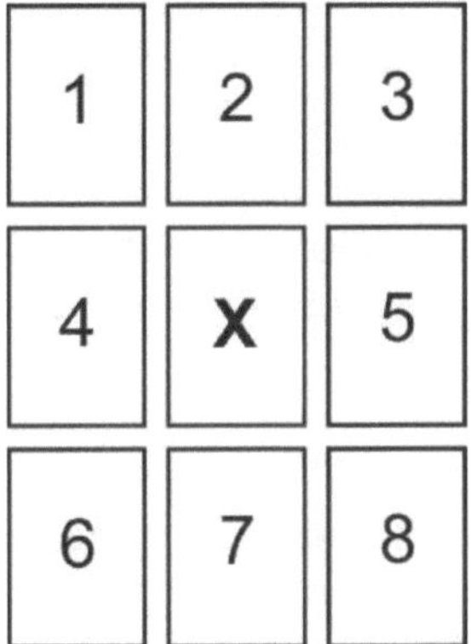

Daniela hatte Fragen zu verschiedenen Themenbereichen und ich habe die Karten entscheiden lassen, welches Thema hier behandelt wird.

Folgende Karten habe ich gezogen:

Wolken	Herz	Fuchs
Mäuse	Fabrik	Vögel
Schlüssel	Wege	Ruten

Da mir spontan ihre Arbeitssituation in den Sinn kommt, durch die Fabrik, geht es also um die Arbeit und dass ihre Leistungen nicht so gesehen werden, wie sie sich das wünscht.

X Thema, wo sich karmische Muster zeigen *Karte Fabrik*
Die Fabrik symbolisiert den Werdeprozess, in dem man seine Talente entwickeln und zeigen kann. Es ist der Schaffensprozess, der dabei wichtig ist, sich im Klaren darüber zu sein, noch viel Arbeit vor sich zu haben und viel Zeit dafür investieren zu müssen. Es sorgt dafür, etwas Neues in die Welt zu bringen. Dir den Raum zu schaffen, deine Ideen zu verwirklichen und dich in deiner ganzen

Kreativität zeigen zu können. Das ist die Herausforderung und Aufgabe, die sich dir stellt.

1 – Fakten *Karte Wolken*
Doch du bist dir da noch gar nicht im Klaren, wie du das wirklich umsetzen kannst und vor allem, welches Umfeld dir da die richtigen Rahmenbedingungen bietet, um dich zu zeigen.

2 – Intuition *Karte Herz*
Folge deinem Herzen und wenn du das Gefühl hast, in deiner Arbeit nicht anerkannt zu werden, dann mache es zu deiner Herzensaufgabe, hierfür den richtigen Ort zu finden. Deine Intuition wird dich führen, solange du mit deinem Herzen verbunden bist.

3 – Weisheit *Karte Fuchs*
Manchmal ist es weiser, nicht weiter zu kämpfen, sondern etwas zu lassen, was sich falsch anfühlt. Den nötigen Spürsinn zu beweisen, um etwas zu tun, bei dem man authentisch sein kann.

4 – Hintergrund *Karte Mäuse*
Alles andere, also das Verharren in der Situation, macht dich unglücklich und unzufrieden. Dieser Kummer soll es dir so richtig ungemütlich machen, damit du dir etwas anderes überlegst.

5 – Karma schaffen *Karte Vögel*
Denn das bedeutet negativen Stress, sich nicht wertgeschätzt zu fühlen. Für dich ist es wichtig, zu deiner Individualität zu stehen und deine Selbstentfaltung voranzutreiben. Du solltest aus bisherigen Lippenbekenntnissen und Ideen Tatsachen schaffen. Also nehme eine eindeutige Haltung ein bezüglich deines beruflichen Vorankommens.

6 – Grundlage *Karte Schlüssel*
Du hast die Lösung bereits in dir, also öffne dich für neue Möglichkeiten. Entweder ist es deine eigene Bewertung deiner Arbeitsleistung die dir genügt, oder das Streben nach mehr Anerkennung soll dich anspornen weitere Fähigkeiten in dir hervorzulocken. Deine Kompetenz und dein Potenzial sollten dich zuversichtlich sein lassen und Realitäten schaffen.

7 – Fügungen, Synchronizitäten *Karte Wege*
Denn sobald du dir neue Möglichkeiten oder Alternativen eingestehst, kann es als glückliche Fügung in dein Leben treten. Es ist deine Entscheidung einen Wendepunkt einzuläuten und einen Weg zu finden, der dich in deiner Vielseitigkeit besser zeigt. Sei entschlossen und nicht wankelmütig!

8 – Ernten, was man sät *Karte Ruten*
Also, steh für dich ein und kämpfe für deine Entfaltungsmöglichkeiten. Es lohnt sich und du musst es nur sinnvoll kommunizieren. Erkenne, dass es auf deine eigene Bewertung deiner Leistung ankommt. Wenn du da nicht im Zwiespalt mit dir selber bist, kannst du es auch nach außen hin vertreten und darauf setzen, dass deine Denkweise dir neue Möglichkeiten schenkt.

FAZIT
Du hast alles, was du brauchst, um an deiner Situation zu arbeiten und eine Veränderung zu bewirken. Erst in dir, durch neue Zuversicht und die Überzeugung, dass du es verdient hast und dann durch die Kraft, zu beweisen, dir genau die Voraussetzungen zu schaffen, in denen zu zeigen kannst, was in dir an Potenzial steckt. Das kannst du bei der jetzigen Arbeitsstelle oder einem neuen Job verwirklichen, suche es dir aus!

Feedback von Daniela

Liebe Andrea,

die Legung passt sehr gut. Mir sind beim Durchlesen 2 Lösungen gekommen.

1. Lösung: ich überlege schon seit einiger Zeit, ob ich innerhalb meiner Firma die Tätigkeit wechseln soll. Dies erscheint mir nach und nach attraktiver zu werden.

2. Lösung: die ich mir wohl aneignen sollte. Egal, wo ich arbeite: ich sollte mehr erzählen, was ich alles mache. Ich bin eher die, die im Hintergrund einfach die Themen abarbeitet und nicht groß darüber berichtet oder erzählt. Lob und Anerkennung bekomme ich daher eher durch meine Kunden. Vermutlich sollte ich viel mehr meinen Kollegen und meinem Chef darstellen, was ich alles mache ...

Vielen Dank für deine Legung, deine Zeit und Energie.

Viele liebe Grüße Daniela

2. Kapitel
Größere Legungen

Karma bedeutet Handlung, Aktion, Tätigkeit, Arbeit. Eine Aktion erzeugt eine Reaktion, auch verdeutlicht durch das Gesetz von Ursache und Wirkung. Dieses Gesetz zeigt, dass nichts vom Zufall bestimmt wird. Wenn wir genau hinschauen, dann erkennen wir, dass alles im Universum eine erkennbare Ursache hat. Handlungen sind dabei wie Samen, die zu gegebener Zeit eine Frucht hervorbringen. Die Früchte mancher Handlungen reifen schnell und sind uns „offen sichtlich“ und andere reifen später in unserem zukünftigen Leben oder auch im nächsten Leben, wenn man an die Reinkarnation glaubt. Es besagt nichts anderes als dass das, was wir an Impuls in die Welt setzen, in ähnlicher Weise auf uns zurück kommt.
Der Volksmund findet dafür Redewendungen wie: „Was man sät, das wird man ernten“, „Wie man in den Wald hineinruft, so schallt es heraus“ oder „Wer gibt, dem wird gegeben, wer nimmt, dem wird genommen“.

„Jede Ursache hat ihre Wirkung,
jede Wirkung hat ihre Ursache;
alles geschieht gesetzmäßig;
Zufall ist nur der Name für ein noch nicht erkanntes Gesetz;
es gibt viele Ebenen der Ursächlichkeit,
aber nichts entgeht dem Gesetz.“

KYBALION

Das Wort Zufall verwenden wir, wenn wir uns die Situation und das uns zufallende Ereignis oder einen bestimmten Umstand nicht erklären können, weil unsere Wahrnehmung es nicht erfassen kann, oder wir die Ursache nicht verstehen. Oder ist Zufall die Art der göttlichen Kraft, anonym zu bleiben?

All dies erinnert uns an unsere Selbstverantwortung, denn wir können niemanden für die Umstände unseres Lebens verantwortlich machen. Um das Gesetz des Karmas zu begreifen, ist es hilfreich, sich diesen Prozess mit den Karten bewusst vor Augen zu führen.

Lass uns doch mal schauen, wie wir das nächste Legesystem nutzen können, um es uns deutlicher zu machen, was der Situation zugrunde liegt.

Legung „Das magische Karma-Quadrat“

Diese Legung ist schon etwas komplexer, aber sehr interessant in ihrer Aussage, zeigt sie doch alle Facetten einer Situation auf.

Hier zeigt uns die Grafik die Position der Karten:

Ursache	Gegenwart	Wirkung	Zukunft	
1	2	3	4	**Ist-Zustand**
5	6	7	8	**Hintergrund**
9	10	11	12	**Lernaufgabe**
13	14	15	16	**Resultat**

Die Deutung wird folgendermaßen vorgenommen und in Kombination und entsprechender Reihenfolge mit den angegebenen Karten im Zusammenhang gedeutet:

Karten 1-2-3-4 das ist es
Karten 1-5-9-13 daher kommt es
Karten 1-6-11-16 dahin geht es

Karten 2-5 der Ursprung
Karten 2-6-10-14 das wirkt auf einen
Karten 2-7-12-das kann es verursachen

Karten3-6-9 die Kraft von Ursache und Wirkung
Karten3-7-11-15 so wird es sich ausdrücken
Karten 3-8 die Folgen

Karten 4-7-10-13 die Konsequenzen, das Karma
Karten 4-8-12-16 positives Karma schaffen

das Karma-Quadrat, das Herzstück der Legung

Karten 6-7-10-11

```
6-------7
 I       I
10----11
```

Hierzu möchte ich euch eine Beispiellegung von mir vorstellen, die gut veranschaulicht, was alles zu erfahren ist.

Ursache	**Gegenwart**	**Wirkung**	**Zukunft**	
Sarg	Baum	Schlange	Kind	**Ist-Zustand**
Haus	Dame	Berg	Ring	**Hintergrund**
Reiter	Vögel	Mond	Schlüssel	**Lernaufgabe**
Wolken	Blumen	Störche	Wege	**Resultat**

Im ersten Schritt deuten wir die Reihen wie folgt:

Ist-Zustand 1-2-3-4
Sarg-Baum-Schlange-Kind
Etwas geht zu Ende, was mein Leben stark in Anspruch genommen hat und dem ich schon entwachsen war. Ein Neubeginn ist unumgänglich.

Hintergrund 5-6-7-8
Haus-Dame-Berg-Ring
Ich werde auf mich selbst zurückgeworfen, was mir schwer erscheint und mich aus der Routine, der Komfortzone reißt.

***Lernaufgabe** 9-10-11-12*
Reiter-Vögel-Mond-Schlüssel
Motiviert und in Eigenregie sich der Herausforderung stellen und wieder mehr Selbstsicherheit erlangen.

***Resultat** 13-14-15-16*
Wolken-Blumenstrauß-Störche-Wege
Unklarheiten mit Kreativität bewältigen, um dann neue Wege und Alternativen zu finden.

So und nun schauen wir mal tiefer rein, ob uns das in dem Quadrat bestätigt wird.

***Ist-Zustand, das ist es** 1-2-3-4*
Sarg-Baum-Schlange-Kind
Dadurch, dass etwas beendet wurde, was nicht mehr zu mir passt, steht eine Transformation meiner Lebensumstände an. In der Heilung kann etwas Neues in Ruhe heranreifen, doch zunächst sollte die „alte Haut“ abgestreift werden. Die Zukunft sollte mit Neugier und Sorglosigkeit erwartet werden.

Daher kommt es *1-5-9-13*
Sarg-Haus-Reiter-Wolken
Die Beendigung des Arbeitsverhältnisses, die dafür gesorgt hat, dass ich zu Hause sein kann, führte dazu, zu lernen, aus mir selbst heraus Antrieb und Motivation zu finden, um mir klar zu machen, was ich eigentlich will.

Dahin geht es *1-6-11-16*
Sarg-Dame-Mond-Wege
Um wie Phönix aus der Asche zu steigen, ist es für mich wichtig, meine Gefühle zu erforschen und intuitiv und dann aus dem Gefühl heraus zu entscheiden.

Der Ursprung *2-5*
Baum-Haus
Ein Wachstumsprozess, der eine Neuorientierung von mir fordert, die ich nur finde, wenn ich von meinem eigenen Wohl ausgehe, was für mich das Richtige ist.

Das wirkt auf einen *2-6-10-14*
Baum-Dame-Vögel-Blumenstrauß
Durch meinen Heilungsprozess und die Erholung kann ich den Stress des Arbeitslebens abstreifen und unbelastet meine Kreativität fließen lassen.

Das kann es verursachen *2-7-12*
Baum-Berg-Schlüssel
Mit Geduld und Beständigkeit wird die Hürde genommen und ich öffne mich für Neues.

Die Kraft von Ursache und Wirkung *3-6-9*
Schlange-Dame-Reiter
Das alte Leben mit allen Sicherheiten abzustreifen und ins Handeln kommen.

So wird es sich ausdrücken *3-7-11-15*
Schlange-Berg-Mond-Störche
Nach den Komplikationen und Hürden, die auf das Gemüt geschlagen sind, erwarte ich positive Veränderungen.

Die Folgen *3-8*
Schlange-Ring
Auf Umwegen und nach Schwierigkeiten, sich an die Situation zu gewöhnen, siegt die Vernunft und ich kann diesen Lebensabschnitt beenden, aus der Routine aussteigen.

Die Konsequenz *4-7-10-13*
Kind-Berg-Vögel-Wolken
Ein Neubeginn bedeutet eine Herausforderung der Selbstbestimmung und den Mut aufzubringen, etwas zu verändern, obwohl mir noch nicht ganz klar ist, was dann kommt.

Karma *6-7-10-11*
Dame-Berg-Vögel-Mond
Mit dem nötigen Biss die Herausforderung annehmen und den Stress, der dadurch verursacht wurde, mit Gefühl und Intuition bewältigen.

Positives Karma schaffen *4-8-12-16*
Kind-Ring-Schlüssel-Wege
Um sich neu zu orientieren hilft es, mir meiner Verbindlichkeiten klar zu werden, abzuwägen, was mir Sicherheit bietet, um mich dann für Alternativen zu entscheiden.

Legung „Karma im Gleichgewicht“

Sie zeigt uns die gegenwärtige Situation und was als Zukunftsvision entwickelt werden kann, um positives Karma aufzubauen. Hierzu legen wir zweimal neun Karten aus.

Gegenwart

Deutungsabfolge: **Gegenwart**

1. ***Denken***
Prägung
Gedankenkarussell
2. ***Fühlen***
Selbstwert
Selbstmitleid
3. ***Handeln***
Umgang mit anderen
Schuldzuweisungen

Nun schauen wir noch, wie es möglich sein wird, sein Karma positiv zu beeinflussen. Hierbei legen wir noch einmal neun Karten aus.

Zukunftsvision

Deutungsabfolge: **Zukunftsvision**

1. ***Denken***
Wertvorstellung
Ideale
2. ***Fühlen***
Selbstliebe
Freude
3. ***Handeln***
Güte und Mitgefühl
Erfüllung

Hierzu möchte ich noch eine persönliche Beispiellegung vorstellen, um zu verdeutlichen, wie es funktioniert und uns viel Unterstützung bietet, wie wir uns ausrichten sollten.

Gegenwart

Sense	Haus	Sarg
Ruten	Herr	Baum
Turm	Mond	Schlange

1. Denken *Karte Sense*
Mache einen klaren Schnitt, um alles Alte hinter dir zu lassen. Seien es alte Verletzungen, Belastungen und Tiefschläge, die dir zwar schmerzvolle Einschnitte in deinem Leben beschert haben, aber dich in der Konsequenz all das gelehrt haben, was dich jetzt gerade ausmacht.

Prägung *Karte Ruten*
Viele Überzeugungen aus der Vergangenheit sind geprägt von innerer Zerrissenheit, Zweifeln und Bewertungen, die viel Misstrauen und Streit hervorrufen.

Gedankenkarussell *Karte Turm*
Deine Grenzen, die du dir selbst gesteckt hast, werden nun von außen eingerissen und alle Introvertiertheit steht nun auf dem Prüfstand. Es ist gut, bei einem selbst gewählten Rückzug über sich selber zu reflektieren, jedoch zeigt sich nur im Umgang mit anderen, wie weit man über sich selbst hinauswachsen kann.

2. Fühlen *Karte Haus*
Um mit deinen Gefühlen richtig umzugehen, ist es für dich wichtig, dir eine dauerhafte Basis in dir zu erschaffen. Dies bietet dir Schutz und ein Gefühl von Sicherheit, verleiht es dir doch genau die

Bodenständigkeit, die dem Auf und Ab der Gefühle etwas entgegensetzen kann.

Selbstwert *Karte Herr*
Du bist jemand, der sich das Heft nicht aus der Hand nehmen lässt und du navigierst selbstbewusst und mit Autorität durchs Leben.

Selbstmitleid *Karte Mond*
Du zeigst nicht immer deine sensible Seite und möchtest deine Gefühlswelt harmonisieren und mit deinen Gefühlen in Einklang kommen. Dein Einfühlungsvermögen wird dir dabei helfen, Sentimentalitäten zu eliminieren und deine Sensibilität dafür einzusetzen, deiner Intuition und Empfänglichkeit den Vorrang gegenüber deinem Verstand zu geben.

3. Handeln *Karte Sarg*
Du möchtest etwas beenden, was nicht mehr gut für dich ist. Du nimmst Abschied von Altem und lässt los, obwohl es dir nicht leicht fällt. Doch die Erkenntnis, dass es besser ist und eine Wandlung notwendig ist, lässt dich wie Phönix aus der Asche steigen.

Umgang mit anderen *Karte Baum*
Mit anderen bist du geduldig und in deiner Zuwendung beständig und Kraft spendend. Du kannst die Dinge und Menschen sich entwickeln und heranreifen lassen, und weißt um die starken Wurzeln, die dafür notwendig sind.

Schuldzuweisungen *Karte Schlange*
Tauchen Komplikationen auf, bist du nicht um Schuldzuweisungen verlegen, bis dir auffällt, dass es viel komplexer ist und du selber an der Misere beteiligt bist.

Nun schauen wir, worauf du in Zukunft achten solltest und worauf du deine Aufmerksamkeit richten solltest.

Zukunftsvision

1. Denken *Karte Herr*
Du solltest die Initiative ergreifen und selber dafür sorgen, eine positivere Denkweise zu trainieren. Alles ist eine Sache der Übung und so ist es auch mit der Annahme, dass das Glas halbvoll oder halbleer ist.

Wertvorstellung *Karte Turm*
Du liebst die Eigenständigkeit und möchtest selbstständig sein. Du solltest gesunde Grenzen setzen und dich nicht beirren lassen, deinen Vorstellungen entsprechend zu leben.

Ideale *Karte Mond*
Es gilt deine Schattenanteile genauso anzunehmen wie deine Eigenschaften wie Empathie, Sensibilität und Einfühlungsvermögen. Nur so entsteht ein Gleichgewicht und hilft dir, deine Träume zu verwirklichen.

2. Fühlen *Karte Anker*
Stabilität gibt dir den Halt im Leben, den du brauchst, um dein Engagement in die richtigen Bahnen zu lenken. Werden verletzte Gefühle aufgearbeitet, ist es möglich, Abhängigkeiten zu überwinden. So kannst du Halt im Leben finden.

Selbstliebe *Karte Sarg*
Hier kann es nur besser werden, denn dir ist klar, dass es hier noch einiges zu tun gibt. Das Ende eines Zyklus, das sich hier ankündigt, verheißt eine Transformation deiner Gefühlswelt, in der du eine Hauptrolle spielst.

Freude *Karte Ring*
Freude erlebst du im Miteinander mit anderen Menschen, die dich anerkennen und so nehmen, wie du bist. Dann bist du bereit, dich

auf sie einzulassen und mit ihnen Verbindungen einzugehen, die von gegenseitiger Wertschätzung geprägt sind.

3. Handeln *Karte Brief*
Sei kommunikativ, sprich über deine Beweggründe und Motivation mit anderen und nutze die Informationen, die dir dabei gegeben werden. Nutze alle Kommunikationskanäle, die dir zur Verfügung stehen, um dich mitzuteilen.

Güte und Mitgefühl *Karte Herz*
Du hast das Herz am rechten Fleck und es fällt dir leicht, andere mit Güte und Mitgefühl zu betrachten. Du bist fürsorglich und liebevoll mit deinen Lieben und gehst mit Menschen, die dir begegnen, respektvoll um. Du handelst aus deinem Herzen heraus.

Erfüllung *Karte Fische*
Deine Erfüllung findest du darin, indem du deine Seelenaufgabe erfüllst. Alles, was mit deiner Seele im Einklang ist, fällt dir leicht und lässt dich in die Tiefe gehen, seien es Themen, Menschen oder Projekte. Lass dich von deiner Seele leiten, damit du deinen Seelenplan erfüllst.

Legung „Die Wochen-Matrix“

Ein Überblick über die Geschehnisse der Woche kann sehr nützlich sein. Hierzu möchte ich euch diese Legung vorstellen.

Alles ist Energie und so sind auch die negativen, zerstörerischen Gedanken, die du hegst, Energien, die ein Resonanzfeld bilden. Wenn man sich das überlegt, dann erkennt man, wie wichtig die rechte innere Ausrichtung ist. Es ist „wie innen, so außen“, das, was du ausstrahlst, kommt zu dir zurück und wenn man lernt, seine Gedanken selber zu bestimmen, kann man sich für konstruktive und positive Gedanken entscheiden. Ausrichtung ist dabei wie eine Orientierung, in welche Richtung die Gedanken, Gefühle und Taten, die darauf folgen, gehen sollen.

Hierzu könnt ihr euch jede Woche eine Legung machen, die euch wichtige Impulse bietet, worauf ihr eure Aufmerksamkeit lenken solltet und worauf ihr euch ausrichten solltet, um positives Karma zu erschaffen. Denn genau in dem Maße, wie du positive Eigenschaften wie Freundlichkeit, Besonnenheit und Liebe lebst, wirst du irgendwann in deinem Leben Gleiches erfahren.

Ereignis der Woche	1	2	3	4	5	6
Lernprozess	7	8	9	10	11	12
Beziehungen	13	14	15	16	17	18
Partnerschaft oder Singledasein	19	20	21	22	23	24
Bewusstsein/ Transformation	25	26	27	28	29	30
Beruf/Berufung	31	32	33	34	35	36

Auch die jeweiligen Positionen sind Themen zugeordnet.

Die Themen habe ich hier wie folgt vorgegeben:

1 Ereignis der Woche
Thema-Ursache-Wirkung-Aufgabe-Konsequenz-Lösung
1-2-3-4-5-6

2 Lernprozess
Thema-Ursache-Wirkung-Aufgabe-Konsequenz-Lösung
7-8-9-10-11-12

3 Beziehungen
Thema-Ursache-Wirkung-Aufgabe-Konsequenz-Lösung
13-14-15-16-17-18

4 Partnerschaft oder Singledasein, falls kein Partner vorhanden ist
Thema-Ursache-Wirkung-Aufgabe-Konsequenz-Lösung
19-20-21-22-23-24

5 Bewusstsein/Transformation
Thema-Ursache-Wirkung-Aufgabe-Konsequenz-Lösung
25-26-27-28-29-30

6 Beruf/Berufung
Thema-Ursache-Wirkung-Aufgabe-Konsequenz-Lösung
31-32-33-34-35-36

Ein weitere Deutungsmöglichkeit ist wie folgt:

Neuigkeiten	**Aufgabe**	**Erkenntnis**
Ursache	**Energien**	**Ausrichtung**
Wirkung	**Konsequenz**	**Erfüllung**

Die Deutungsabfolge ist:

1 Neuigkeiten-Ursache-Wirkung
Neuigkeiten-Energien-Erfüllung
Neuigkeiten-Aufgabe-Erkenntnis

2 Aufgabe-Ursache
Aufgabe-Energien-Konsequenz
Aufgabe-Ausrichtung

3 Erkenntnis-Energien-Wirkung
Erkenntnis-Ausrichtung-Erfüllung

Macht Sinn, oder? Ich liebe das ;0)
Hierzu habe ich keine Beispiellegung für euch erstellt, probiert es aus, es funktioniert!

Legung „Karmaarbeit“

Diese Legung ergänzt eine 9er-Legung durch weitere Aspekte, die die eigene Rolle im Spiel des Lebens verdeutlichen. Karma wird ausgeglichen. Menschen, die nichts von Karma verstehen, bezeichnen es dann als Schicksal oder Glück, wenn es dann wieder in ihr Leben zurückkommt. Also ist es wichtig zu erkennen, wo du in deinem Leben eine Opferrolle spielst oder aber auch selber Täter bist. Durch diese Bewusstwerdung kannst du das negative Karma auflösen, es dir und allen Beteiligten verzeihen, und diesen unliebsamen Kreislauf beenden.

Die Deutungsabfolge ist entsprechend der Kartenabfolge:

Ist-Zustand

1. ***Harmonie oder Blockade***
2. ***Wirkung***
3. ***Konsequenz***
4. ***Auslöser***
5. ***Beurteilung der Situation***
6. ***tieferer Sinn***
7. ***Opferrolle verlassen***
8. ***Auflösungsarbeit***
9. ***Entscheidung***

Hintergrund

1. ***Karma/Vergangene Leben***
2. ***Prägungen dieses Lebens***
3. ***Tendenzen***

Sein Schicksal lenken oder annehmen

1. ***Wachstumsmöglichkeiten***
2. ***Täterrolle ablegen***
3. ***positives Karma schaffen***

Legung für Melanie, die ihrer Beziehungsunfähigkeit auf den Grund gehen möchte.

Folgende Karten wurden von mir gezogen und entsprechend ausgelegt:

10 Berg	4 Vögel	5 Buch	6 Mond	11 Fabrik
12 Blumen	3 Kind	1 Brief	7 Fuchs	13 Turm
14 Sterne	2 Baum	9 Schlüssel	8 Sense	15 Engelsflügel

Der Deutungsschlüssel ist wie folgt:

1 – **Vergangenheit**, Wurzel/Ursache *Karten 10-4-5-6-11*

2 – **Hintergrund** *Karten 10-12-14*

3 – **Gegenwart** *Karten 12-3-1-7-13*

4 – **Ist-Zustand** *Karten 1-9*

5 – **Zukunft** Schicksal/ positives Karma *Karten 14-2-9-8-15*

6 – **sein Schicksal lenken oder annehmen** *Karten 11-13-15*

.......zudem berücksichtigen wir die Bedeutungen der Kartenpositionen, woraus sich dann folgende Deutung ergibt..............

1 – **Vergangenheit** Wurzel/Ursache Karten *10-4-5-6-11 Berg-Vögel-Buch-Mond-Fabrik*
Kartenposition 10 **Karma aus vergangenen Leben** *Karte Berg*
Wie zu sehen ist, gibt es Blockaden, die aus vergangenen Leben rühren und mit in dieses Leben getragen wurden. Auch die Ahnenreihe mütterlicher wie väterlicherseits legt hier ihre unerlösten Traumata in deine Verantwortung. Es wäre interessant, die Vorfahren nach ihren Beziehungen zu fragen, um festzustellen, inwieweit diese Distanziertheit erlerntem Sozialverhalten entspricht.

Wenn du es erlöst, dient es der gesamten Ahnenreihe und bringt Erlösung und Heilung.

Kartenposition 4 **Auslöser** *Karte Vögel*
Hier sehen wir den Stress, dem dies zugrunde liegt. Womöglich sind es bereits die Großeltern, die durch die Lebensumstände zweier Kriege harten Herausforderungen ausgesetzt waren. Wahrscheinlich hat es viel Unruhe gegeben und eine eindeutige Haltung war nicht immer zu erkennen.

Kartenposition 5 **Beurteilung der Situation** *Karte Buch*
Für dich ist es ein Buch mit sieben Siegeln. Dir stehen nicht alle Informationen zur Verfügung und du möchtest unbedingt mehr darüber erfahren. Was dich lenkt sind die Programmierungen deines Unterbewusstseins, über die du dir nicht klar bist.

Kartenposition 6 **tieferer Sinn** *Karte Mond*
Denn es geht schließlich um dein Gefühlsleben und Prägungen, die durch gezeigte oder unterdrückte Emotionen dazu geführt haben, dass du zurückhaltend bist in dem, was du von dir preisgibst.

Kartenposition 11 **Wachstumsmöglichkeiten** *Karte Fabrik*
Hier ist es wichtig, aus dir herauszukommen und daran zu arbeiten, deine innere Gefühlslage der Welt mehr zu zeigen. Du hast da enormes Potenzial, das dir dabei helfen kann, eine andere Lebenseinstellung zu erschaffen.

im Zusammenhang ergibt sich folgende Deutung:

In der Vergangenheit war womöglich der Einfluss deiner Großeltern recht groß und hat dich geprägt. Vieles wurde nicht ausgesprochen und vor dir verborgen, doch deine Sensibilität hat dir untrüglich verraten, dass es da etwas gibt, was bearbeitet werden sollte. Familienkarma wurde nicht aufgearbeitet und nun liegt es an dir, die Heilung der Gefühle zu erarbeiten.

2 – **Hintergrund** *Karten 10-12-14 Berg-Blumenstrauß-Sterne*

Kartenposition 10 **Karma aus vergangenen Leben** *Karte Berg*
Das Erbe der Vergangenheit, der Ahnen und deren Traumata

Kartenposition 12 **Prägungen dieses Lebens** *Karte Blumenstrauß*
Deine Kreativität und Phantasie hat es dir immer ermöglicht, Freude in dein Leben zu bringen und die Welt ein bisschen schöner zu machen. Es hat dir geholfen, dich zu entfalten. Vielleicht hat es dir deine Mutter vorgelebt oder, im Gegenteil, du warst durch die Unnahbarkeit deiner Mutter dazu gezwungen, dir eine eigene Welt zu erschaffen.

Kartenposition 14 **Tendenzen** *Karte Sterne*
Besonders in der Spiritualität bist du zu Hause, bestimmt auch dadurch initiiert, weil du viele Fragen hattest, auf die du keine Antwort von deinem Umfeld bekommen hattest.

Im Zusammenhang ergibt sich folgende Deutung:
Auch wenn dein Start belastet von Familienkarma ist, hast du dir eine Welt aufgebaut, in der du schöpferisch sein kannst und hinter die Kulissen schauen kannst. Du hast die Ausdauer gehabt, deine Visionen zu verfolgen und sie umzusetzen.

3 – **Gegenwart** *Karten 12-2-1-7-13 Blumenstrauß-Kind-Brief-Fuchs-Turm*

Kartenposition 12 **Prägungen dieses Lebens** *Karte Blumenstrauß*
Schon als Kind warst du in deiner Phantasie zu Hause und es war dir wichtig, dich kreativ auszudrücken.

Kartenposition 3 **Konsequenz** *Karte Kind*
Das hat dir geholfen, die Welt wie der Narr mit Neugier und Unbeschwertheit zu erforschen. Dich zu trauen, nicht nur ausgetretene Pfade zu beschreiten. Du hast den Mut, immer wieder neu anzufangen, dich immer wieder neu zu erfinden.

Kartenposition 1 **Harmonie oder Blockade** *Karte Brief*
Das Kartenlegen ist für dich zu einer Möglichkeit geworden, all deine Schöpferkraft auszudrücken. Dein Inneres zu reflektieren und dein Umfeld und die Menschen, mit denen du es zu tun hast, besser einzuschätzen.

Kartenposition 7 **Opferrolle verlassen** *Karte Fuchs*
Es ist dir wichtig, anderen Menschen keinen Zweifel darüber zu lassen, wer du bist. Lug und Betrug sind dir zuwider und du ziehst dich schnell zurück, falls du Hinterlist oder Lüge vermutest.

Kartenposition 13 **Täterrolle ablegen** *Karte Turm*
Doch nicht immer ist dieser Rückzug von Vorteil oder gerechtfertigt. Vielleicht ist es durch schlechte Erfahrungen in der Vergangenheit heute für dich dann leichter, dich zurückzuziehen, anstatt genauer zu hinterfragen oder zu akzeptieren, dass jeder ein Ego hat und seine Vorteile nutzen möchte.

Im Zusammenhang ergibt sich folgende Deutung:
Heute bist du selber Mutter und die ehrliche Kommunikation und Vermittlung deiner Ideale gegenüber deinen Kindern ist dir enorm wichtig. Du bist allein verantwortlich und stellst dich dieser Aufgabe mit all deinem Bestreben, keine zu große Distanz zwischen dir und deinen Kindern aufkommen zu lassen.

4 – **Ist-Zustand** *Karten 1–9 Brief-Baum-Kind-Vögel-Buch-Mond-Fuchs-Sense-Schlüssel*

...die Bedeutung der Kartenpositionen........

4 Auslöser	5 Beurteilung der Situation	6 tieferer Sinn
3 Konsequenz	1 Harmonie oder Blockade	7 Opferrolle verlassen
2 Wirkung	9 Entscheidung	8 Auflösungsarbeit

...daraus ergibt sich folgende 9er-Legung:

Vögel	Buch	Mond
Kind	Brief	Fuchs
Baum	Schlüssel	Sense

Das ergibt folgende Deutung:
Um Nähe herzustellen, ist Kommunikation für dich entscheidend, doch sie sollte ehrlich sein. Denn auch du bist zu einem Menschen herangereift, der sagt was er denkt und immer wieder bereit ist, neu auf jemanden zuzugehen. Jedoch wenn es Unstimmigkeiten gibt, erzeugt das in dir Stress, der dich an Prägungen aus der Vergangenheit erinnert und sofort in dir unterbewusst Gefühle auslöst, die dich wachsam werden lassen und sogar Misstrauen hervorrufen können. Doch heute bist du eine reife Persönlichkeit, die dem nicht mehr schutzlos ausgeliefert ist und du solltest dich dafür öffnen, dich von diesen negativen gespeicherten Emotionen, die der Erinnerung entspringen, zu trennen.

5 – **Zukunft** Schicksal/ positives Karma *Karten 14-2-9-8-15*

Kartenposition 14 **Tendenzen** *Karte Sterne*
Da deine spirituelle Entwicklung weit vorangeschritten ist, kannst du nach den Sternen greifen und all das umsetzen, was dich glücklich macht.

Kartenposition 2 **Wirkung** *Karte Baum*
Denn darum geht es im Leben, den Prägungen aus der Vergangenheit zu entwachsen und in die Heilung zu gehen.

Kartenposition 9 **Entscheidung** *Karte Schlüssel*
Entscheide dich, dich diesem Prozess zu öffnen, damit du dir selber beweisen kannst, wie viel Stabilität und Sicherheit du dir selber schenken kannst.

Kartenposition 8 **Auflösungsarbeit** *Karte Sense*
Mache einen Schlussstrich unter Misstrauen und Zurückhaltung, und ernte dann, was du säst.

Kartenposition 15 **positives Karma schaffen** *Karte Engelsflügel*
Die geistige Welt ist an deiner Seite und unterstützt und beschützt dich, sodass du wieder Vertrauen in deine Mitmenschen setzen kannst.

Im Zusammenhang ergibt sich folgende Deutung:
Dein spiritueller Weg ist es, an deinen Verletzungen zu wachsen und dich für die Auflösung genau dieser verletzen Gefühle für dich und deine Ahnen einzusetzen. Du wirst geführt und solltest den Engeln vertrauen, dass sie dir die richtigen Menschen dafür schicken werden.

6 – **sein Schicksal lenken oder annehmen** *Karten 11-13-15*

Kartenposition 11 **Wachstumsmöglichkeiten** *Karte Fabrik*
Du solltest dein enormes Potenzial, was sich in Liebesfähigkeit ausdrückt, in die Welt bringen und dich nicht davor verschließen, indem du dich in deinen Elfenbeinturm zurückziehst.

Kartenposition 13 **Täterrolle ablegen** *Karte Turm*
Genau darum geht es bei deiner Karma Auflösungsarbeit, denn du selber bist dafür verantwortlich, anderen eine Chance zu geben, dir näher kommen zu können. Wähle nicht die Distanz, die auch Einsamkeit verursachen könnte, sondern erkenne, dass du mittlerweile so gefestigt bist, dass du auch egoistisches Verhalten anderer verkraften kannst.

Kartenposition 15 **positives Karma schaffen** *Karte Engelsflügel*
Vertraue der Magie in deinem Leben, die dir genau die Aufgaben schenkt, die du auch bewältigen kannst. Du hast alles, was du brauchst, um dich wertvoll zu fühlen und dir alles zuzugestehen, wonach du dich sehnst.

Im Zusammenhang ergibt sich folgende Deutung:
Also, packe es an, du kannst Großes erreichen. Du bist eine gestandene Persönlichkeit, mit dem Schutz der geistigen Welt wird es dir gelingen, von nun an positives Karma zu schaffen und dir und deinen Ahnen die Heilung zukommen zu lassen, die in diesem Leben deinen Reifeprozess kennzeichnet.

Feedback von Melanie

Liebe Andrea, als ich die Legung gelesen habe, musste ich das ein oder andere Tränchen vergießen. Du hast alles sehr gut erkannt. Meine Großeltern waren damals wirklich wichtige Personen. Ich bin absolut begeistert von deiner Arbeit und kann nur jedem empfehlen, sich von dir Rat zu holen. Auch das mit meinen Eltern ist komplett stimmig. Ich denke auch, dass bei denen Traumata sitzen. Über Gefühle wurde nie gesprochen und das zieht sich bis heute hin.

Legung Der Stern

Diese Legung verschafft einen schnellen Überblick über eine Situation oder ein Thema, das eine Umorientierung erfordert. Ich lege mit dem Tarotdeck.

Der Stern wird wie folgt ausgelegt:

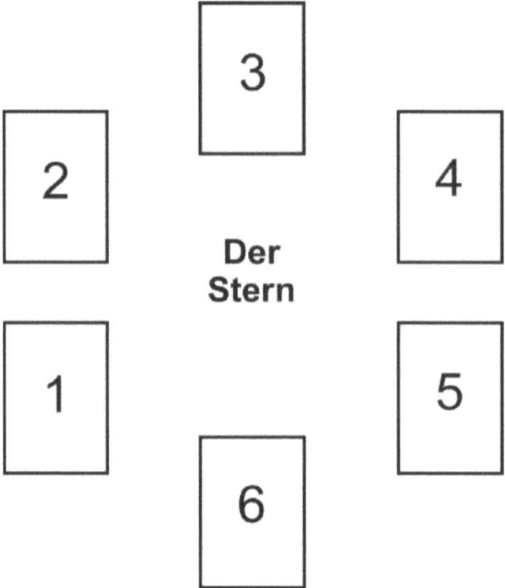

Die Positionen haben folgende Bedeutung:

1 Ursache/Karma
2 blinder Fleck/Blockade
3 Handlung/Motivation
4 Orientierung/Ausrichtung
5 Wirkung/ Karmaauflösung
6 Loslösung

Diese Legung habe ich für Inge gelegt, die in letzter Zeit viel Stress auf der Arbeit hatte und dies ein Mitarbeitergespräch zur Folge hatte.

1 Ursache/Karma *Karte Neun Schwerter*
Durch die Geschehnisse auf der Arbeit und die Fehler, die zu Diskussionen geführt haben, hast du schlaflose Nächte gehabt. Übermüdung und Nervosität haben dazu geführt, dass die Gewissensbisse, die du hast, nicht ganz unbegründet sind. Du selbst machst dir die größten Vorwürfe und zeigst echte Reue.

2 blinder Fleck/Blockade *Karte König der Schwerter*
Leider war die Verantwortung, die dir zugesprochen wurde, nicht von sachlichen Entscheidungen beseelt. Die Arbeit nochmals zu überprüfen, wäre in dem Fall besser gewesen, um Flüchtigkeitsfehler zu vermeiden.

3 Handlung/Motivation *Karte XV Der Teufel*
Es ist eine gute Gelegenheit, sich seiner Schatten bewusst zu werden und sich einzugestehen, dass man nicht wirklich bei der Sache war. Die Verlockung war zu groß, in den Feierabend gehen zu können und die Gedanken waren schon woanders. Es ist immer hart, in den Spiegel zu schauen, und zu erkennen, wo man sich von Dingen abhängig gemacht hat, die nicht gut sind.

4 Orientierung/Ausrichtung *Karte XVIII Der Mond*
Doch nun heißt es, Farbe zu bekennen, sich den Ängsten zu stellen und die Gefühle, die damit einhergehen, zu akzeptieren. Das hat dir wirkliche Albträume bereitet und schwingt noch in dir nach. Auch diese unsicheren Zeiten müssen durchlebt werden und du solltest dich wieder mit deiner Intuition verbinden, um wieder in deine innere Mitte zu finden.

5 Wirkung/ Karmaauflösung *Karte Zwei Münzen*
Es gibt immer mindestens zwei Möglichkeiten, mit den Dingen umzugehen. Zeige dich flexibel und gestehe dir zu, auch fehlbar zu sein, ansonsten kommst du aus diesem Dilemma nicht heraus. Passe dich der Situation an und hadere nicht mehr mit dir. Viel besser ist es, entschlossen für dich einen Neuanfang zu wagen, mit guten Vorsätzen und der Gewissheit, deine Lektion gelernt zu haben.

6 Loslösung *Karte Vier Schwerter*
Also nimm Abstand von der ganzen Situation, lege eine Zwangspause ein, damit du dich sammeln kannst. Nicht umsonst macht dich diese Geschichte darauf aufmerksam, dass du erschöpft bist und du mehr Geduld mit dir haben solltest. Der Stillstand ist ganz gut für dich und durch die Ruhe kannst du alles besser reflektieren und verarbeiten.

FAZIT
Die ganze Sache hat dir einen mächtigen Schrecken eingejagt und du solltest die Gelegenheit nutzen, um etwas an deiner Situation zu verbessern. Nichts passiert umsonst und dieser Denkzettel ist trotz schlechtem Gewissen ja noch mal glimpflich ausgegangen.

Feedback von Inge
Danke für deine Legung, Andrea. Sie hat mir gezeigt, lieber mal auf die Bremse zu treten und mit den Selbstvorwürfen aufzuhören. Ich fühle mich gut beschrieben und werde mir den Rat zu Herzen nehmen, vielen Dank.

Legung „Pentagramm“

Diese Legung wird wie ein Pentagramm ausgelegt und zeigt die Verwobenheit aller Zusammenhänge im Leben.

<u>Sie wird folgendermaßen ausgelegt:</u>

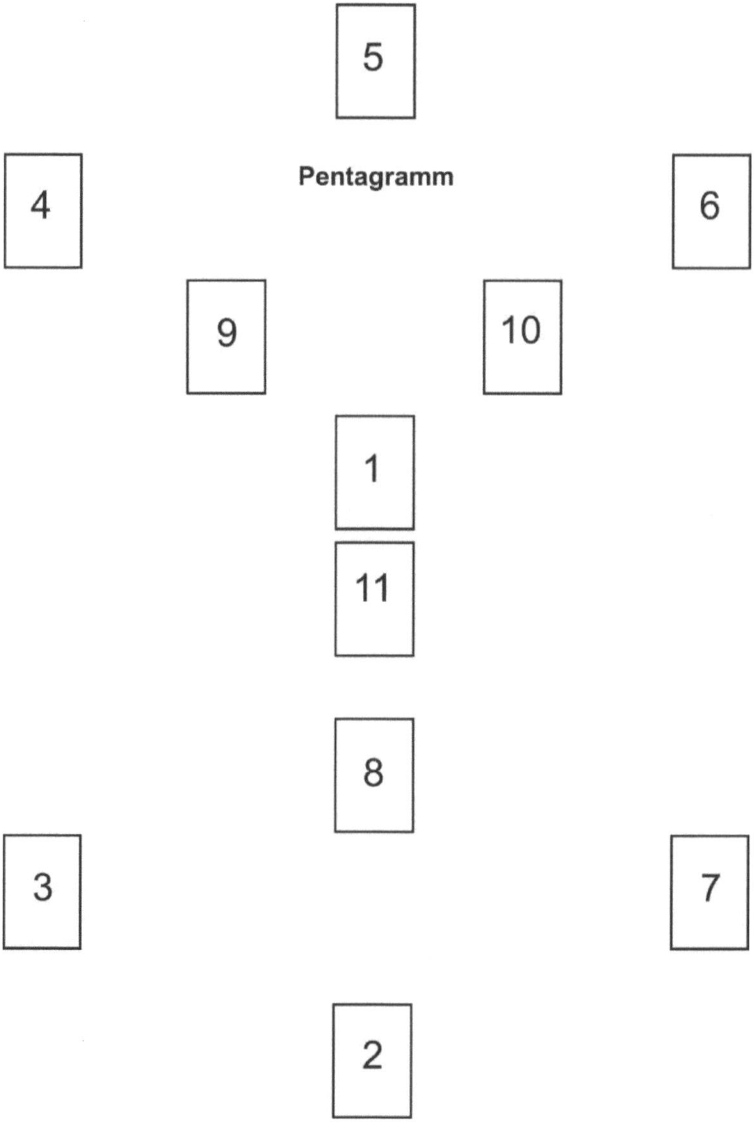

5

4 **Pentagramm** 6

9 10

1

11

8

3 7

2

Hierbei wird wie folgt gedeutet:

1 – Thema
2 – Ursache/Karma
3 – blinder Fleck
4 – Motivation, Handlung
5 – Erfahrung
6 – Erkenntnis
7 – Wirkung, Ergebnis
8 – Glaubenssatz
9 – Lernprozess
10 – Ausrichtung
11 – Loslösung

Wobei auf Position 9, 10 und 11 jeweils drei Karten wie folgt zusammen gedeutet werden.

Glaubenssatz = Karten auf Position 3 blinder Fleck, Position 2 Ursache und Position 7 Wirkung

Lernprozess = Karten auf Position 3 blinder Fleck, Position 4 Handlung und Position 5 Erfahrung

Ausrichtung = Karten auf Position 5 Erfahrung, Position 6 Erkenntnis und Position 7 Wirkung

Die Karten im Herzen des Pentagramms 1 und 11 bedeuten 1 das Thema und 11 die Loslösung

Bei einer Legung für Antonia habe ich wieder die Tarotkarten genommen, um euch zu zeigen, dass sie genauso gut zum Einsatz gebracht werden können und uns alles erzählen, was wir wissen wollen. In der letzten Zeit ist viel passiert und Hochs und Tiefs wechseln sich stetig ab. Es ist eine wahre Berg- und Talfahrt für sie. Sie würde schon gerne wissen, was dahintersteckt und wofür das alles gut ist.

1 – Thema *Karte Drei Stäbe*
Es geht darum, sich eine sichere Ausgangsposition zu erschaffen, von der aus ein positiver Verlauf möglich wird. Sie sehnt sich nach Sicherheit und Erfolg in ihrem Leben und ihre Zuversicht lässt so manches Mal zu wünschen übrig.

2 – Ursache/Karma *Karte Ritter der Münzen*
Ihr wird nichts in den Schoß gelegt und Fleiß und Ausdauer sind gefragt, da sie nicht auf Bewährtes zurückgreifen kann. Umbrüche im Leben bringen immer mit sich, Vertrautes hinter sich zu lassen. Doch alles in allem wird ihr hier durch den Ritter der Münzen eine stabile Entwicklung aufgezeigt.

3 – blinder Fleck Karte *Drei Kelche*
Doch irgendwie kann sie sich nicht so recht an ihren Fortschritten erfreuen. Eigentlich könnte sie dankbar sein und ihr Glück genießen und sich an neuen Interessen erfreuen. Sie erkennt nicht, dass sie zufrieden sein könnte über das, was sie bis jetzt erreicht hat.

4 – Motivation, Handlung Karte *Neun Münzen*
Denn die Neun Münzen zeigen ganz deutlich ihren inneren und äußeren Reichtum, den sie wohl nicht so recht zu schätzen weiß. So entgeht ihr die ein oder andere gute Gelegenheit, ihren Erfolg zu festigen und im richtigen Moment das Richtige zu tun.

5 – Erfahrung *Karte Neun Kelche*
Dabei hat sie im letzten Jahr ihre Lebensqualität enorm verbessert und viel für sich und ihr Wohlbefinden erreicht. Eigentlich könnte sie das Leben genießen und zufrieden sein mit dem, was sie geschafft hat.

6 – Erkenntnis *Karte Zwei Stäbe*
Durch die immer mal wieder mangelnde Initiative, die sich aus dieser Fehleinschätzung ergibt, ist sie lustlos und drückt sich vor Entscheidungen, die getroffen werden sollten. Es gilt, die Situation abzuwägen und richtig einzuschätzen.

7 – Wirkung, Ergebnis *Karte VIII Die Kraft*
Denn es ist nun wichtig, alles mit Lust und Leidenschaft zu tun. Ihre Unzufriedenheit in den Griff zu bekommen und auch mal die

Krallen zu zeigen, wenn es notwendig ist, um etwas für sich zu erreichen. Also gilt es, Mut und Stärke zu beweisen.

8 – Glaubenssatz *Karte XVI Der Turm* plus die drei Karten *Drei Kelche, Ritter der Münzen, VIII Die Kraft*

Glaubenssatz = Karten auf Position 3 blinder Fleck, Position 2 Ursache und Position 7 Wirkung
Ja, sie sollte alte Mauern einreißen, alte Strukturen niederreißen und alten Glaubenssätzen auf die Spur kommen. So wie gehabt geht es nun einmal nicht weiter, aber das ist auch gut so, denn es hat sie ja nicht glücklich gemacht. Die drei Karten zeigen eine positive Tendenz und eigentlich ist ihre Situation gar nicht so negativ, wie sie selber meint. Anscheinend muss sie sich wirklich nochmal klar machen, was sie alles in so kurzer Zeit erreicht hat und wie viel Kraft sie bewiesen hat.

9 – Lernprozess *Karte Fünf Stäbe* plus die drei Karten *Drei Kelche, Neun Münzen, Neun Kelche*
Lernprozess = Karten auf Position 3 blinder Fleck, Position 4 Handlung und Position 5 Erfahrung
Sie sollte die Herausforderung annehmen und es sportlich nehmen. Es ist wichtig, sich zu bewiesen und seine Kräfte unter Beweis zu stellen.
So wirst du auch mehr ein Gefühl dafür entwickeln können, was du bereits erreicht hast und wofür du dich feiern könntest.

10 – Ausrichtung *Karte IV Der Herrscher* plus die drei Karten *Neun Kelche, Zwei Stäbe, VIII Die Kraft*
Ausrichtung = Karten auf Position 5 Erfahrung, Position 6 Erkenntnis und Position 7 Wirkung
Also übernimm Verantwortung, schaffe Ordnung und bringe Struktur in dein Leben. Ohne Disziplin geht da gar nichts, damit du deine Ideen auch umsetzen kannst. Es gilt, Aufgaben zu Ende zu führen und konsequent an deinem Weiterkommen zu arbeiten. Die guten Zeiten müssen durch Tatkraft abgesichert werden, zaudern hilft da nicht.

11 – Loslösung *Karte XII Der Gehängte* Plus Karte 1 Thema *Karte Drei Stäbe*
Um deinen Erfolg abzusichern, ist es notwendig, alte Zöpfe abzuschneiden, alte Glaubenssätze zu ändern und Altes loszulassen. Ein anderer Blickwinkel auf deine momentane Situation und eine realistische Einschätzung des Erreichten ist hier hilfreich, um zu neuen Einsichten zu kommen.

FAZIT

Ein klarer Blick auf die Realität, die nicht so negativ ist, bringt eine neue Perspektive in dein Leben. Das tut not, ansonsten stellst du sozusagen dein Licht unter den Scheffel und erkennst gar nicht, was dich an innerem Reichtum erfüllt und welcher äußere Reichtum dich umgibt. Mache dir klar, dass dies nicht selbstverständlich ist und gebührend gefeiert werden sollte. In dieser Legung ist gut zu sehen, wie wichtig die Einstellung, Erwartungshaltung und Sicht auf das Leben ist. Wird sie von alten Glaubenssätzen, die in der Kindheit geprägt wurden, bestimmt, sieht man die Realität durch einen negativen Wahrnehmungsfilter und verkennt die vielen Chancen und den Reichtum, den das Leben uns zu bieten hat.

Feedback von Antonia

Danke für diese Hinweise, die ich gut gebrauchen kann. Es zeigt mir viel von dem,was in mir gerade vor sich geht. So treffend habe ich mir das nicht vorgestellt und ich werde davon einiges beherzigen. Vielen Dank für diese aussagekräftige Legung.

Legung „Karma – Spiel des Lebens

Bei dieser Legung wird in Spalten gedeutet und dafür stehen einem vier Karten zur Verfügung.

Spalte	1	2	3	4	5
	1	2	3	4	5
	6	7	8	9	10
	11	12	13	14	15
	16	17	18	19	20

<u>Die Bedeutung der Spalten ist wie folgt:</u>

<u>Spalte 1</u>: Thema aus der Vergangenheit Karten 1, 6, 11, 16 nun gehen wir noch in die Diagonale 1, 7, 13, 19

<u>Spalte 2:</u> Wie es sich im Leben zeigt Karten 2, 7, 12, 17 nun gehen wir noch in beide möglichen Diagonalen 2,6 und 2, 8, 14, 20

<u>Spalte 3:</u> Wie altes Karma aufgelöst wird Karten 3, 8, 13, 18 nun gehen wir noch in beide möglichen Diagonalen 3, 7, 11 und 3, 9, 15

Spalte 4: Was jetzt wichtig wird Karten 4, 9, 14, 19
nun gehen wir noch in beide möglichen Diagonalen 4, 8, 12, 16 und 4, 10

Spalte 5: Wie positives Karma aufgebaut wird Karten 5, 10, 15, 20
nun gehen wir noch in die Diagonale 5, 9, 13, 17

Diese Legung ist für Regina, die durch die Trauer über den Tod ihrer Mutter an ihre Kindheitsthemen herangeführt wird.

Hier hatte ich mich ausnahmsweise mal für die Tarotkarten entschieden. Ich möchte dir in diesem Buch zum Lenormand jedoch gern auch dieses Beispiel zeigen:

1	2	3	4	5
IX Eremit	Königin der Münzen	X Rad des Schicksals	Fünf Münzen	Königin der Stäbe
6	7	8	9	10
Drei Schwerter	Acht Schwerter	As der Schwerter	XVIII Mond	Fünf Stäbe
11	12	13	14	15
As der Münzen	XVI Turm	Ritter der Kelche	0 Narr	Ritter der Schwerter
16	17	18	19	20
XI Gerechtigkeit	Neun Stäbe	Zwei Münzen	Sieben Schwerter	Acht Kelche

Daraus ergibt sich folgende Deutung:

Spalte 1: Thema aus der Vergangenheit Karten 1, 6, 11, 16
Karten IX Eremit, Drei Schwerter, As der Münzen, XI Gerechtigkeit
Die Kindheit wurde von Einsamkeit geprägt und Konflikten, die schmerzhaft waren und die Chancen, innere Selbstsicherheit zu gewinnen und inneres Gleichgewicht und Ausgewogenheit zu erlangen, sehr erschwert hat.

nun gehen wir noch in die Diagonale 1, 7, 13, 19
Karten IX Eremit, Acht Schwerter, Ritter der Kelche, Sieben Schwerter
Du hast dich in dich zurückgezogen, um äußeren Verboten und Beschränkungen zu entfliehen und dir eine liebevolle freundliche Atmosphäre gewünscht. Auseinandersetzungen hast du dich, wenn möglich, entzogen.

<u>Spalte 2:</u> Wie es sich im Leben zeigt Karten 2, 7, 12, 17
Karten Königin der Münzen, Acht Schwerter, XVI Turm, Neun Stäbe
Deine Sehnsucht nach Sicherheit ist von Angst geprägt und deine Bemühungen, Vertrauen in das Leben zu gewinnen, werden durch ein Gefühl der Bedrohung boykottiert.

nun gehen wir noch in beide möglichen Diagonalen 2,6
Karten Königin der Münzen, Drei Schwerter
Deine Mutter hat dir tiefe Verletzungen zugefügt und dich enttäuscht.

und 2, 8, 14, 20
Karten Königin der Münzen, As der Schwerter, 0 Narr, Acht Kelche
Vertrauen zu gewinnen, ist die zentrale Aufgabe in deinem Leben, neu anzufangen, weil dir die Leichtigkeit fehlt, da du hinter allem Betrug erwartest.

<u>Spalte 3:</u> Wie altes Karma aufgelöst wird Karten 3, 8, 13, 18
Karten X Rad des Schicksals, As der Schwerter, Ritter der Kelche, Zwei Münzen
Das Leben schenkt dir immer wieder neue Chancen, die Zusammenhänge zu verstehen und diese Anregungen dazu zu nutzen, dich der heutigen Situation anzupassen.

nun gehen wir noch in beide möglichen Diagonalen 3, 7, 11
Karten X Rad des Schicksals, Acht Schwerter, As der Münzen
Denn Veränderung ist die einzige Konstante in deinem Leben, daher ist es wichtig, die Blockade zu lösen und deine neu gesetzten Ziele zu verwirklichen.

und 3, 9, 15
Karten X Rad des Schicksals, XVIII Mond, Ritter der Schwerter
Schritt für Schritt die Veränderung annehmen, durch deine Ängste hindurchgehen und dem Gefühlschaos und der frostigen Stimmung in dir trotzen.

<u>Spalte 4</u>: Was jetzt wichtig wird Karten 4, 9, 14, 19
Karten Fünf Münzen, XVIII Mond, 0 Narr, Sieben Schwerter
Tritt heraus aus diesem Mangelgefühl, stelle dich diesen Gefühlen und mache dir klar, dass das Leben voller Überraschungen ist, die nur darauf warten, von dir gelebt zu werden, anstatt dass du dich aus der Verantwortung stiehlst.

nun gehen wir noch in beide möglichen Diagonalen 4, 8, 12, 16
Karten Fünf Münzen, As der Schwerter, XVI Turm, XI Gerechtigkeit
Der Verlust der Mutter ist ein Durchbruch, alte Mauern einzureißen und die Verantwortung für dich selbst zu übernehmen.

und 4, 10
Karten Fünf Münzen, Fünf Stäbe
Alle Unsicherheiten in Kauf zu nehmen und trotzdem die Herausforderung anzunehmen und dir zu beweisen, dass es auch anders geht und du dir ein anderes Lebensgefühl erkämpfen kannst.

<u>Spalte 5</u>: Wie positives Karma aufgebaut wird Karten 5, 10, 15, 20
Karten Königin der Stäbe, Fünf Stäbe, Ritter der Schwerter, Acht Kelche
Der Mut, deine Kräfte unter Beweis zu stellen und der Unberechenbarkeit des Lebens zu begegnen, fordert dich heraus, einen ungewissen Aufbruch ins Neue zu wagen. Manchmal fällt es uns schwer, Vertrautes hinter uns zu lassen, nur weil wir nicht wissen, was uns nach der Trennung von dem Schmerz, den uns die Vergangenheit und bestimmte Menschen zugefügt haben, wohl am Horizont erwartet.

nun gehen wir noch in die Diagonale 5, 9, 13, 17
Karten Königin der Stäbe, XVIII Mond, Ritter der Kelche, Neun Stäbe
Du solltest optimistisch und kreativ dich auf den Weg machen, um Liebe und Glück zu finden und trotz Angst vor erneuten Verletzungen, hoch motiviert und selbstbewusst sein.

FAZIT
Das Erbe deiner Kindheit schwingt noch in deinem Leben als Gefühl, noch Sicherheiten zu brauchen. Schneide alte Zöpfe ab, reiße Mauern ein, die dich daran hindern, neugierig und aufgeschlossen der Welt und den Menschen darin zu begegnen, die deinen Lebensweg kreuzen und dir zeigen möchten, dass es sich lohnt, für sich selbst zu kämpfen und neu durchzustarten. Es ist eine Entscheidung, dich jeden Tag neu zu erfinden.

Feedback von Regina
Ich danke dir von Herzen, liebe Andrea, für diese Legung und ihre Deutung. Und für die Erinnerung daran, Besinnung darauf und Bestärkung darin, jeden neuen Tag mich optimistisch und kreativ auf den Weg zu machen, hoch motiviert und selbstbewusst zu sein.

Mein keltisches Kreuz

Bei meinem keltischen Kreuz nutze ich mehr Karten. Die Auslegung ist wie folgt:

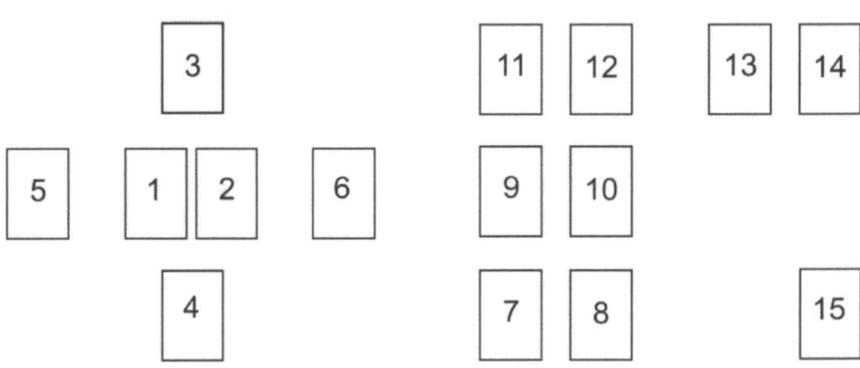

Den Positionen habe ich folgende Bedeutung gegeben:

1 Thema
2 Kraft oder Blockade
3 bewusste Handlungen
4 unbewusste Programme/ Glaubenssätze, Unterbewusstsein
5 Vergangenes/ Karma
6 Resultat bei Weiterführung
7 innere Einstellung
8 Zusatzkarte innere Einstellung
9 Einfluss
10 Zusatzkarte Einfluss
11 Sorgen und Ängste
12 Zusatzkarte Sorgen und Ängste
13 Tendenz bei Weiterentwicklung
14 Tendenz bei Weiterentwicklung
15 Ziel

Mein Keltisches Kreuz lege ich für Ernestine aus, die die Beziehung zu ihrer Tochter intensiv erlebt und ein Gleichgewicht finden muss zwischen Annehmen und Loslassen.

Die Deutung erfolgt nach der Nummerierung der Karten:

1 – Thema *Karte Sarg*
Für dich ist es wichtig, immer wieder einen neuen Blickwinkel einzunehmen. Eigentlich bist du dir im Klaren darüber, dass du dich davon lösen solltest, deine Einflussnahme zu verstärken. Alles ist gesagt, und du solltest nichts aufrecht erhalten, was sich totgelaufen hat. Die Herausforderung ist, sich immer wieder zu hinterfragen, sein altes Weltbild aufzugeben, um sich zu guter Letzt von Dogmen zu befreien.

2 – Kraft oder Blockade *Karte Wolken*
Doch es ist dir noch nicht die zündende Idee gekommen, das, was dir wieder den rechten Durchblick bietet. Launenhaftigkeit und Leichtsinn deiner Tochter machen dich unsicher und du weißt nicht, wie du es bewerkstelligen kannst, einen Zugang zu ihr zu finden. Denn sie muss selbst herausfinden, dass sie Luftschlösser baut und sie sich ihr Leben unrealistisch vorstellt.

3 – bewusste Handlungen *Karte Kreuz*
Dir ist bewusst, dass es hier um mehr als eine Meinungsverschiedenheit geht und es wird als Last empfunden, was viel Leid in dir erzeugt. Du wirst ganz extrem gefordert und weißt bereits um karmische Verstrickungen, die du und deine Tochter miteinander zu bewältigen hattet. Entwickle Verständnis für notwendige Lernprozesse, die deine Tochter provoziert und vor denen du sie auch nicht schützen kannst. Die Lernaufgabe ist ein Reifeprozess, den man nicht beschleunigen kann. Er fordert dich immer wieder heraus, deine Wahrnehmungen zu hinterfragen, besonders aufmerksam zu sein und bringt andererseits das Wissen mit sich, dass deine Tochter selber ihren Weg bestimmt.

4 – unbewusste Programme/Glaubenssätze, Unterbewusstsein *Karte Bauch*
Ihr habt euch schon vor euren Leben verabredet, diese Prozesse miteinander zu durchleben. Gerade das, was für einen viel Chaos bedeutet und nach Ordnung und Struktur verlangt, ist eine besondere Herausforderung der Heilung von Programmierungen, die einen aus diesem Gefühlschaos befreien. Jedoch muss man sich dem Tempo des anderen angleichen, inneren Frieden schaffen, um diese Situation konstruktiv zu durchleben und dabei zu lernen, miteinander harmonischer umzugehen.

5 – Vergangenes/Karma *Karte Turm*
Es geht darum, gesunde Grenzen zu setzen, ein Gefühl dafür zu entwickeln, wann es besser ist, loszulassen. Ein schwieriger Grat zwischen Innenschau und Selbstreflektion und dem notwendigen Weitblick, dem einem der Turm verleiht. Die gefühlte Abgrenzung und Distanz kann dabei nur überwunden werden, wenn man erkennt, dass man im Außen keine Antwort findet. Jeder für sich allein muss durch diesen Prozess gehen und zu seiner wahren Stärke finden, der Selbstermächtigung, die einen reifen lässt.

6 – Resultat bei Weiterführung *Karte Engelsflügel*
Wenn du dich auf diesen Prozess einlassen kannst und deine Hilflosigkeit akzeptierst, kommt irgendwann das Vertrauen in die größeren Zusammenhänge. Das Wissen, dass mehr als das, was man sehen kann, existiert. Diese unsichtbare Kraft führt dich und bietet dir den Schutz, den du jetzt brauchst. Die Engelsflügel stehen für die geistige Welt und deren Magie in unserem Leben. Du weißt um diese Magie und dass sie nur im Herzen entwickelt werden kann.

7 + 8 – innere Einstellung *Karte Wege und Berg*
Deine Möglichkeiten der Einflussnahme sind sehr begrenzt, also werden von dir immer wieder konsequente Entscheidungen gefordert. Kein leichtes Unterfangen, berücksichtigt man den Wunsch einer Mutter, dass ihr Kind sich nicht verirrt. Doch meinen wir vielleicht zu ahnen, was gut ist, so wissen wir es letztendlich nicht, was der andere Weg, der eingeschlagen wird, an Herausforderungen und Durchhaltevermögen auf beiden Seiten erfordert. Gibt es nur

deinen einen richtigen Weg oder führen alle Wege zum Ziel? Hat das Leben nicht noch eine viel wunderbarere Lösung?

9 + 10 – Einfluss *Karte Sonne und Herr*
So oder so wird sich was bewegen und die Sonne weist darauf hin, dass es ein Erwachen, ein Aufblühen geben wird. Die Sonne strahlt großzügig, ohne zu bewerten und sorgt dafür, dass am Ende alles gut wird. Spüre diese Kraft in dir und nutze sie für deine Selbstbestimmung, denn so hilfst du dir und deiner Tochter am besten, durch diese belastende Zeit zu kommen. Nutze deine Medialität und deine Lichtkraft, um alles mit Wärme zu durchstrahlen. Setze alles auf die Gewissheit des guten Ausgangs.

11 + 12 – Sorgen und Ängste *Karte Lilien und Bär*
Natürlich bringt dich diese Auseinandersetzung mit deiner Tochter aus deiner Mitte. Alles andere wäre auch unnatürlich. Doch besinne dich immer wieder auf deine Kraft und Stärke, und orientiere dich am Machbaren. Dabei geht es manchmal auch nur langsam voran, also übe dich in Geduld. Setze deine Absichten um, auch kleine Schritte führen zum Ziel. So verschwendest du nicht so viel Energie mit Grübeleien und Zukunftsängsten, die nichts Gutes in dein Leben ziehen.

13 + 14 – Tendenz bei Weiterentwicklung *Karte Ring und Störche*
Es wird wieder ein Miteinander möglich werden, wenn deine Bemühungen auf fruchtbaren Boden gefallen sind. Dabei ist manchmal weniger mehr. Fühle dich dir selbst und deinen Verantwortlichkeiten verpflichtet, doch renne keine geschlossenen Türen ein. Spiele wie der Narr und jongliere die Bälle, entwickle ein Gespür dafür, wann es gut ist, einen Spieleinsatz zu geben und wann man besser aussteigt. Veränderung ist die einzige Konstante im Leben, also zeige dich flexibel. Nichts ist in Stein gemeißelt und Pläne können morgen schon wieder verworfen werden.

15 – Ziel *Karte Buch*
Manchmal gilt es, sich nicht in die Karten schauen zu lassen, seine Meinung für sich zu behalten und erst einmal zu beobachten, was so alles passiert. Dein inneres Wissen hilft dir dabei, über den Tellerrand zu schauen. Erkenne die Bilder deiner Seele, denn auch

du weißt noch nicht alles, was für diesen Reifeprozess wichtig ist. Man lernt halt nie aus! Sei weise und lerne, dich darin zurechtzufinden, bevor du etwas von dir preisgibst. Mache dich auch mal unberechenbar, so kannst du dein Gegenüber auch mal überraschen oder auch kalt erwischen. Das halt, was die Situation gerade von dir fordert, ein spannender Prozess, der gelebt und erfahren werden möchte.

Feedback von Ernestine

Ich kann sehr viel mit der Legung anfangen und es bestärkt mich sehr, meinen Weg weiterzugehen, mit den Unsicherheiten, Schwankungen und auch den Erfolgen!
Noch einmal ein herzliches Dankeschön :-)

Hier noch eine meiner Lieblingslegungen. Ich liebe es, wenn die Karten so verwoben gedeutet werden und dabei so viel Sinn offenbaren ;0)

Legung „5x5 Matrix“

Zahlen- bzw. Kartenschlüssel

20	21	13	22	23	**Ursache**
12	4	5	6	14	**Verstehen**
11	3	1	7	15	**Entscheidung**
10	2	9	8	16	**Loslassen**
19	18	17	25	24	**Wirkung**

Zunächst deuten wir die Reihen wie folgt und lassen uns von der Kartenabfolge eine Geschichte erzählen:

Ursache = Karten 20-21-13-22-23

Verstehen = Karten 12-4-5-6-14

Entscheidung = 11-3-1-7-15

Loslassen = Karten 10-2-9-8-16

Wirkung = 19-18-17-25-24

...und nun geht es noch tiefer in die Matrix...

Deutung:

1. 9er-Legung **zentrales Thema** ausgehend von Karten 1 bis 9
2. 9er-Legung **Problem** ausgehend von Karte 3 mit den Karten 3/10/11/12/4/5/1/9/2
3. 9er-Legung **Hilfe** ausgehend von Karte 7/9/1/5/6/14/15/16/8
4. 9er-Legung **Lernaufgabe** ausgehend von Karte 2/19/10/11/3/1/9/17/18
5. 9er-Legung **Motivation** ausgehend von Karte 4/11/12/20/21/13/5/1/3
6. 9er-Legung **Orientierung** ausgehend von Karte 6/1/5/13/22/23/14/15/7
7. 9er-Legung **Lösung** ausgehend von Karte 8/17/9/1/7/15/16/24/25/

Hierzu mal eine Beispiellegung für meine liebe Freundin Viktoria, die sich fragt, warum in ihrem Leben und in ihrer Familie so viele mit Krankheit konfrontiert sind.

Hierzu habe ich folgende Karten gezogen:

Buch	Brief	Park	Sonne	Kind	**Ursache**
Turm	Herr	Engel	Wolken	Kreuz	**Verstehen**
Wege	Lilien	Bär	Berg	Ring	**Entscheidung**
Fische	Vögel	Haus	Mond	Fabrik	**Loslassen**
Dame	Herz	Hund	Reiter	Schlange	**Wirkung**

Ursache *Karten 20-21-13-22-23 Buch-Brief-Park-Sonne-Kind*
Da vieles im Verborgenen gehalten wird und nicht kommuniziert wird, zeigt man dem Umfeld eine Maske und täuscht mehr Energie vor als wirklich vorhanden ist.

Verstehen *Karten 12-4-5-6-14 Turm-Herr-Engelsflügel-Wolken-Kreuz*
Sich zu isolieren und nur darauf zu setzen, durch Aktivität wertvoll zu sein, führt einen in die Irre und lässt die Lernaufgabe nicht erkennen.

Entscheidung *Karten 11-3-1-7-15 Wege-Lilien-Bär-Berg-Ring*
Die Entscheidung hin zu mehr innerer Harmonie und seinem eigenen Selbstwert lässt einen die Herausforderungen des Lebens besser meistern, auch mit Hilfe der Familie.

Loslassen *Karten 10-2-9-8-16 Fische-Vögel-Haus-Mond-Fabrik*
Dich tief mit deiner Seele zu verbinden, den Stress in deinem Privatleben anders zu kompensieren, indem mehr Augenmerk auf deine emotionale Befindlichkeit gelegt wird. Nur so kannst du das große Pensum an Anforderungen auf Dauer schaffen.

Wirkung *Karten 19-18-17-25-24 Dame-Herz-Hund-Reiter-Schlange*
Mit dir selbst eine liebevolle Verbindung einzugehen, dir selber deine beste Freundin zu sein und ohne Zögern Hilfe anzunehmen, bringt dich auf den Weg, neu anzufangen. Dich nicht von den Schwierigkeiten abhalten lassen, die Zügel in die Hand zu nehmen.

...und nun geht es noch tiefer in die Matrix...

1 – 9er-Legung **zentrales Thema** ausgehend von Karten 1 bis 9

Herr	Engel	Wolken
Lilien	Bär	Berg
Vögel	Haus	Mond

Es geht darum, dich zu behaupten und deine Selbstverantwortung wahrzunehmen. Das bedeutet nicht nur, für andere stark zu sein, sondern auch, aus der Vergangenheit zu lernen und sich selber mehr Aufmerksamkeit zu schenken. Die Lernaufgabe liegt darin, mit dem Stress so umzugehen, dass er dich nicht völlig vereinnahmt. Denn das bringt dich aus deiner Mitte. Werde aktiv, indem du dir klar darüber wirst, dass du wertvoll bist und deine eigenen Bedürfnisse in den Vordergrund stellst. Lerne, mehr Hilfe und Unterstützung anzunehmen und nicht bei jeder emotionalen Schieflage oder Stimmungsschwankung anderer dich gleich verpflichtet zu fühlen, alles wieder in Ordnung bringen zu müssen.

2 – 9er-Legung **Problem** ausgehend von *Karte 3-10-11-12-4-5-1-9-2*

Turm	Herr	Engelsflügel
Wege	Lilien	Bär
Fische	Vögel	Haus

Dein inneres Gleichgewicht und die Verbindung zu deinen tieferen Seelenlandschaften gilt es, zu erforschen. Dein Hin- und hergerissen sein zwischen Verantwortung und wann du sie für andere tragen solltest, lässt dein Vertrauen in das Leben und die himmlischen Mächte vermissen. Du möchtest für andere stark sein, ihnen Stabilität bieten, doch so manches Mal wächst dir alles über den Kopf, da du dir zu viel zumutest.

3 – 9er-Legung **Hilfe** ausgehend von Karte 7-9-1-5-6-14-15-8

Engel	Wolken	Kreuz
Bär	Berg	Ring
Haus	Mond	Fabrik

Da dir das Leben oft voller Hürden und Herausforderungen erscheint, ist es wichtig, mit dir selbst im Reinen zu sein. Hierbei können dir auch deine Ahnen behilflich sein. Beschäftige dich mit den Leben deiner Vorfahren und vertraue auf eine Zukunft mit der Unterstützung der geistigen Welt. Durch die Unsicherheiten des Lebens wird dir immer wieder die Prüfung auferlegt, die Kontrolle abzugeben und dem Leben zu vertrauen. Deinen Verpflichtungen gerecht zu werden, jedoch nicht um den Preis, dein emotionales Gleichgewicht zu verlieren und kein Ende der Anstrengungen zu sehen.

4 – 9er-Legung **Lernaufgabe** ausgehend von Karte 2-19-10-11-3-1-9-17-18

Wege	Lilien	Bär
Fische	Vögel	Haus
Dame	Herz	Hund

Einerseits geht es darum, mit Stress umzugehen, andererseits aber auch zu erkennen, seinen Platz in der Ahnenreihe einzunehmen. Bedeutet, seinem Alter entsprechend der jüngeren Generation zu vertrauen und sich um sein eigenes seelisches Wohlergehen zu kümmern. Seine Lebensfreude für sich zu nutzen und sich von alten Mustern aus der Vergangenheit bezüglich der Familie so zu korrigieren, dass man Selbstliebe in den Vordergrund stellt und sich auch da helfen lässt, wo es notwendig geworden ist.

5 – 9er-Legung **Motivation** ausgehend von Karte 4-11-12-20-21-13-5-1-3

Buch	Brief	Park
Turm	Herr	Engelsflügel
Wege	Lilien	Bär

Werde aktiv, warte nicht, sondern nimm dein Wohlbefinden selber in die Hand. Es gibt so viele Möglichkeiten, dir und deiner Seele deine Achtsamkeit zu zeigen. Reflektiere über dich selbst und vertraue deiner inneren Stimme, die dir genau sagt, welche Signale nach außen jetzt wichtig sind. Vertraue in die Hilfe der Engel und finde in deine innere Mitte, indem du deine eigene Autorität wirst, selber bestimmst, was gut für dich ist und was nicht.

6 – 9er-Legung **Orientierung** ausgehend von Karte 6-1-5-13-22-23-14-15-7

Park	Sonne	Kind
Engel	Wolken	Kreuz
Bär	Berg	Ring

Um dir Durchblick zu verschaffen und das wirklich zu erreichen, was dir die Lernaufgabe und Motivation zeigt, ist es wichtig, all deine Erfahrungen aus der Vergangenheit zu nutzen. Ansonsten holt die Vergangenheit dich immer wieder ein und zeigt dir auf, wo du dich einerseits distanzierst und andererseits verlässlich sein möchtest. Berechenbar und verlässlich für andere zu sein, ist nicht schlecht, jedoch sollte dabei deine wirkliche Energie, die dir zur Verfügung steht, berücksichtigt werden und so manches Mal ein bisschen kürzer getreten werden. Also fasse wieder Mut und vertraue ins Leben, denn es möchte dir nicht nur Steine in den Weg legen, sondern lehrt dich, eine Verbindung zu dir selber aufzubauen, die dir immer zeigt, was jetzt gerade gut und richtig für dich ist.

7 – 9er-Legung **Lösung** ausgehend von Karte 8-17-9-1-7-15-16-24-25

Bär	Berg	Ring
Haus	Mond	Fabrik
Hund	Reiter	Schlange

Also beachte deine Gefühlswelt, sie ist ein sicherer Navigator für dein Leben. Es geht schon darum, dich von Illusionen zu befreien, noch mehr leisten zu müssen. Stelle dir lieber die Frage „Was träumt in mir?“ Sei dir selbst deine beste Freundin und nehme Hilfe an, da wo es angemessen ist. Fühle dich wieder wohl in deiner Haut, das ist nicht von äußeren Umständen oder Krankheit abhängig, sondern von deiner Bereitschaft, dich selber anzunehmen. Die einzige Autorität in deinem Leben zu sein, die bestimmt, ob der Weg beschwerlich oder nur lang sein wird. Arbeite an den Beziehungen und zeige dich in all deiner inneren Schönheit. Dazu beginne damit, in deinen Gedanken all das zu visualisieren, was dich glücklich macht und wie das große Ganze sich fügt, wenn du selbstverantwortlich und entschieden dein Schicksal gestaltest und deine Lebensaufgabe meisterst. Krankheit als Weg lässt uns immer demütig werden und bezwingt uns, unsere Aufmerksamkeit nach innen zu richten und in allen Schwierigkeiten den Heilungsprozess zu sehen, der sich eigentlich dahinter verbirgt. Du hast alles, was du brauchst, packe es an!

Feedback von Viktoria

Hallo liebe Andrea, ich bin fasziniert, wie genau du mich beschreibst. Nun sehe ich die Zusammenhänge auch klar und werde versuchen, die Selbstverantwortung für mein Leben in die Hand zu nehmen, zuerst an mich zu denken, um in meine Mitte zu kommen.

Ich werde versuchen, mehr auf meine Gefühle zu achten, um mich wieder wohl in meiner Haut fühlen zu können. Ich danke dir von Herzen für diese Legung, sie könnte mich nicht treffender beschreiben. Die helfenden Hinweise werde ich mir zu Herzen nehmen und an mir arbeiten. Ich denke, dass damit nicht nur mir, sondern auch den anderen geholfen ist. Zu deiner Frage, ob ich was damit anfangen kann: Etwas damit anfangen, ist zu gelinde gesagt, ich identifiziere mich total damit, du bist eine Wucht!

Eine weitere Variante ist diese hier:

Haupt-impulse	**Ursache**		**Motivation**		**Wirkung**	
Thema 1	Blockade 2	Potenzial 3	Entscheidung 4	Ziel 5	Erkenntnis 6	Heilung 7
Vorgeschichte 8	9	10	11	12	13	14
Lernaufgabe 15	16	17	18	19	20	21
Zukunfts-tendenz 22	23	24	25	26	27	28

Deutung ist wie folgt:

Thema Karte 1
Blockade Karte 2 – darin steckendes Potenzial Karte 3 – Entscheidung treffen Karte 4 – um ein Ziel zu erreichen Karte 5 – da man die Erkenntnis gewonnen hat Karte 6 – die zu Heilung führt Karte 7

Vorgeschichte Karte 8
Blockade Karte 9 – darin steckendes Potenzial Karte 10 – Entscheidung treffen Karte11 – um ein Ziel zu erreichen Karte 12 – da man die Erkenntnis gewonnen hat Karte 13 – die zu Heilung führt Karte 14

Lernaufgabe Karte 15
Blockade Karte 16 – darin steckendes Potenzial Karte 17 – Entscheidung treffen Karte 18 – um ein Ziel zu erreichen Karte 19 – da man die Erkenntnis gewonnen hat Karte 20 – die zu Heilung führt Karte 21

Zukunftstendenz Karte 22
Blockade Karte 23 – darin steckendes Potenzial Karte 24 – Entscheidung treffen Karte 25 – um ein Ziel zu erreichen Karte 26 – da man die Erkenntnis gewonnen hat Karte 27 – die zur Heilung führt Karte 28

Probiert es aus!

Nun stellt sich die spannende Frage, was mache ich, wenn mir durch eine Legung klar geworden ist, dass ich negatives Karma verursache?
Hierzu möchte ich euch vier Legungen anbieten, um dies näher zu beleuchten und Erkenntnisse zu sammeln.

Positive Glaubenssätze entwickeln

Diese erste Legung kommt mit wenigen Karten aus, zeigt aber dafür die Magie der Heilung ;0)

Sie wird wie folgt ausgelegt:

Magie der Heilung

3	4	5

alter Glaubenssatz	Verhalten	neuer Glaubenssatz	Verhalten
1	2	6	7

Die zweite Legung bringt Klärung darüber, wie du die Welt siehst und wie du sie neu für dich definieren könntest.

Verändere deine Überzeugungen und du veränderst dein Leben, dauerhaft

<u>Gehe bitte wie folgt vor:</u>

Meine alte Welt *Karte 1,* ***Interpretation*** *Karte 2,* ***Reaktion/Verhalten*** *Karte 3,*
Ergebnis *Karte 4*

Meine aktuelle Welt *Karte 5,* ***Interpretation*** *Karte 6,* ***verändertes Verhalten*** *Karte 7,* ***anderes Ergebnis*** *Karte 8*

Meine neue gefühlte Welt *Karte 9,* ***neue und bereichernde Interpretation*** *Karte 10,* ***neue Reaktionen/ verändertes Verhalten*** *Karte 11,* ***andere Zukunftsaus-sichten*** *Karte 12*

So kannst du dir einen Überblick darüber verschaffen, wie du früher die Welt gesehen hast, was sich bis jetzt schon verändert hat und wie du dir deine eigene Zukunftsvision entwickeln kannst. Ein spannender und aufschlussreicher Prozess!

Hierzu eine Legung für Birgit, die Single ist und sich einsam fühlt und daran gerne etwas ändern würde.

Folgende Karten habe ich gezogen:

Vögel	Mäuse	Sense	Störche
Dame	Fuchs	Sonne	Bär
Schlüssel	Haus	Bauch	Turm

..........nun schauen wir uns das mal an...........

Meine alte Welt *Karte 1,* ***Interpretation*** *Karte 2,* ***Reaktion/Verhalten*** *Karte 3,*
Ergebnis *Karte 4*
In deiner Vergangenheit hat es viel Sorge und Stress bezüglich Zweisamkeit gegeben. Das hat dich vorsichtig werden lassen. Der Verlust vergangener Beziehungen nagt an dir und du hast es noch nicht geschafft, dich ganz von dem allem zu trennen. Doch um in die positive Veränderung zu kommen, musst du dich flexibler und weltoffener zeigen.

Meine aktuelle Welt *Karte 5,* ***Interpretation*** *Karte 6,* ***verändertes Verhalten*** *Karte 7,* ***anderes Ergebnis*** *Karte 8*
Nun bist du allein und auf dich gestellt und verhältst dich recht passiv. Du vermutest, wieder enttäuscht und betrogen zu werden, obwohl es besser wäre, voller Selbstvertrauen in deiner ganzen Schönheit und Kraft zu erstrahlen. Es ist wichtig, die Vergangenheit zu verarbeiten und zu erkennen, dass nur du dir deinen Selbstwert madig machen kannst.

Meine neue gefühlte Welt *Karte 9,* ***neue und bereichernde Interpretation*** *Karte 10,* ***neue Reaktionen/verändertes Verhalten*** *Karte 11,* ***andere Zukunftsaus-sichten*** *Karte 12*
Also öffne dich innerlich den neuen Möglichkeiten, einen neuen Herzensmann in dein Leben einzuladen. Pläne zu schmieden und Ordnung in dein Gefühlsleben zu bringen. Heilung ist möglich, wenn du dich nicht mehr distanzierst und wieder andere Menschen an dich heranlässt. Verlasse deinen Elfenbeinturm und schenke dir die Chance, neue Erfahrungen zu machen und der Einsamkeit zu entfliehen.

FAZIT
Leben ist Veränderung und diese muss in dir beginnen. Überprüfe deine Gedanken, lasse keine vergangenen Verletzungen dein zukünftiges Leben bestimmen. Strahle wie die Sonne und gehe den Weg der Heilung, indem du dir und deinen Fähigkeiten vertraust, aus der Vergangenheit die richtigen Schlüsse zu ziehen und wieder in Verbindung mit deiner Umwelt zu finden. Nur Mut, du findest den Schlüssel und kannst dich dann da wohlfühlen, wo du gerade bist und dich in dir zu Hause fühlen kannst. Also, schaffe neues Karma, indem du eine positive Veränderung erwartest und dir zugestehst.

Feedback von Birgit
Hallo liebe Andrea, danke für deine Legung. Sie passt sehr gut und trifft den Nagel auf den Kopf. Auf jeden Fall ist rausgekommen, was auch so ist und ich gerne annehme und ändern werde....vielen lieben Dank.
...was ich im Kopf habe, ob es auch so raus gekommen wäre, wenn du meine Infos nicht gehabt hättest?
Antwort von mir: ...ja, wer Karten legt, insbesondere die Lenormandkarten, weiß, wie vielschichtig sie in ihrer Interpretation sind. Als Ausgangspunkt gibt es ja zumindest eine Frage oder Infos zur aktuellen Situation. Dann wird die Legung persönlicher, was ja für die Fragestellerin gut ist.

Und hier noch eine dritte Legung, die dir zeigt, was du alles brauchst, um deine Zweifel und Ängste zu bewältigen.

Alles, was ich brauche

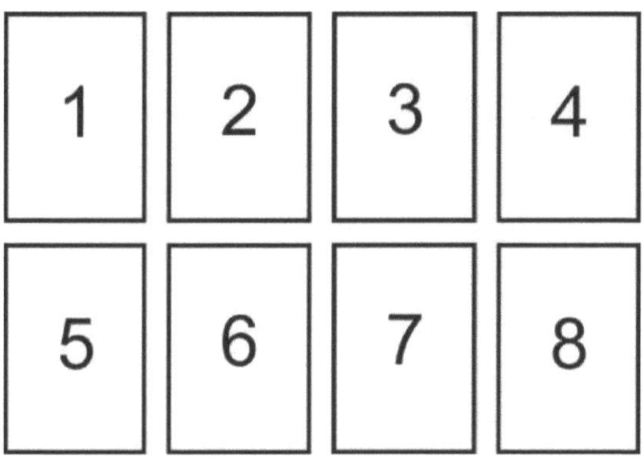

Hier wird wie folgt gedeutet:

1 Wissen/Potenzial
2 Motivation/Handlung
3 Macht/Mut
4 Glaube/Hoffnung

5 (Selbst)Zweifel/Pessimismus
6 Ängste/Trauma
7 negativer Glaubenssatz/ konditioniertes Verhaltensmuster
8 Legasthenie/ Mutlosigkeit

Wenn du die Reihen gegenüberstellst, wird dir schnell klar, wo der „Hase im Pfeffer liegt“. Wie die Lotosblüte aus dem Schlamm erwächst, so kannst auch du über dich hinauswachsen und deine Ängste und Konditionierungen, die dir dein Leben nur schwer machen, erfolgreich überwinden. Gewusst wie und mit der notwendigen Ehrlichkeit sich selbst gegenüber und der Hilfe der Karten, kannst du für dich und andere neue Wege aufzeigen. Jeder hat ein glückliches Leben verdient, auch du!

Und die vierte Legung beschäftigt sich mit deinen guten Vorsätzen und wie du erfolgreich deine Ziele verfolgen kannst.

Gute Vorsätze, ein Ziel verfolgen

Dies wird auch wieder als 9er-Legung ausgelegt, in meiner Reihenfolge

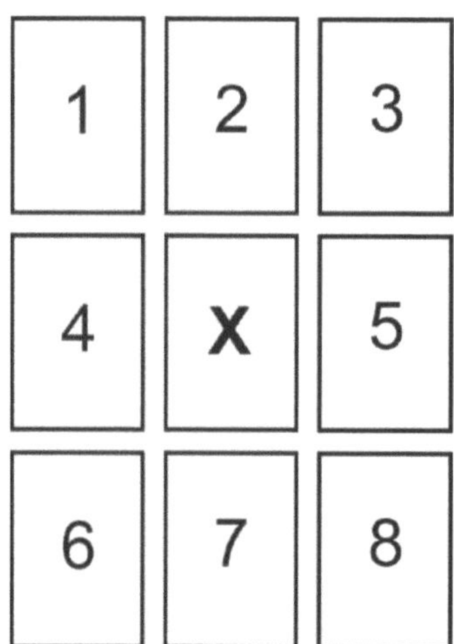

Die Positionen haben folgende Bedeutung:

X gute Vorsätze, ein Ziel verfolgen, hier bekommst du Aufschluss darüber, welches Ziel für dich gerade wichtig ist.

Position 6 Was einem zur Verfügung steht

Position 4 Was dabei sehr hilfreich sein wird

Position 1 Worauf man sich gedanklich fokussieren sollte

Position 2 Welche Gefühle den Prozess unterstützen

Position 3 Was man sich zu Herzen nehmen sollte

Position 5 Wie man handeln und agieren sollte

Position 7 Welcher Glaubenssatz unterstützt die Zielsetzung

Position 8 Was einem auf dem Weg zum Ziel begegnet

Hier möchte ich euch eine persönliche Beispiellegung anbieten:

X gute Vorsätze, ein Ziel verfolgen *Karte Herr*
Nun wird es Zeit, nicht mehr zu zögern, sondern aktiv zu werden und die Sache in die Hand zu nehmen. Nur durch konkretes Handeln verändert sich die Realität und bringt mich meinem Ziel näher.

1 Was einem zur Verfügung steht *Karte Buch*
Es ist genug Wissen vorhanden und ich habe genug gelernt, um meine Lebens-erfahrung und Erkenntnisse für die Umsetzung meines Zieles einzusetzen.

2 Was dabei sehr hilfreich sein wird *Karte Hund*
Nicht nur die Unterstützung von gewonnenen Freunden, sondern auch die Bemühungen, sich selber treu zu bleiben, machen es zu „meinem" ganz eigenen Ziel, bei dem ich mir vertrauen kann, auch wirklich verlässlich meinen Weg zu gehen.

3 Worauf man sich gedanklich fokussieren sollte *Karte Schlange*
Allen Schwierigkeiten zu trotzen und auch mal einen Umweg in Kauf zu nehmen, damit ich aus den Erfahrungen, die ich auf diesem Weg gewonnen habe, auch die richtigen Schlussfolgerungen ziehe und den Verlockungen am Wegesrand wider-stehen kann.

4 Welche Gefühle den Prozess unterstützen *Karte Fuchs*
Die Befürchtung, einer Fehleinschätzung der Situation zu unterliegen, lässt mich wachsam bleiben und fordert mich immer wieder

dazu heraus, Gefühle und Gedanken in Einklang zu bringen und meinen Instinkten und meinem Bauchgefühl zu vertrauen.

5 Was man sich zu Herzen nehmen sollte *Karte Wolken*
Auch wenn die Umsetzung meines Zieles mir noch nicht klar ist, sollte ich erkennen, dass auf dem Weg sich alles klären wird und der Nebel sich verzieht. Wie genau alles funktionieren wird, wird sich mir erst auf dem Weg mit der Zeit offenbaren.

6 Wie man handeln und agieren sollte *Karte Berg*
Es wird noch ein weiter Weg, mit Herausforderungen und Hindernissen, mit denen ich nicht gerechnet habe. Doch Beharrlichkeit und Willenskraft werden mir helfen, diese Hürden zu nehmen und die Probleme, die sich zeigen, aktiv zu meistern.

7 Welcher Glaubenssatz unterstützt die Zielsetzung *Karte Hand*
Ich löse mich von allem, was Chaos in meinem Leben verursacht und übernehme die volle Verantwortung für mein Ziel.

8 Was einem auf dem Weg zum Ziel begegnet *Karte Baum*
Ich werde an den Herausforderungen wachsen und die Erfahrungen auf dem Weg zu meinem Ziel werden mir mehr Stabilität und eine gesunde Entwicklung schenken.

FAZIT
Auch wenn ich nicht genau weiß, wie ich mein Ziel umsetzen soll, ist es wichtig, mich auf den Weg zu machen und an den Herausforderungen zu wachsen. Ich habe alles im Gepäck, was ich brauche und sollte allen Widrigkeiten zum Trotz, auch wenn es schwierig erscheint, meinen Weg gehen. Ein Weg, der lang sein wird, aber aus dem Chaos in die Heilung und positive Entwicklung führt. Mein Wissen und die Unterstützung von Freunden wird mir dabei helfen.

3. Kapitel
Karma im Großen Blatt

Und nun zur Königsdisziplin, dem Großen Blatt.

Diese Legung setze ich gerne bei dem Großen Blatt ein, wenn ich nicht nur beim Karma schauen möchte, sondern auch noch nach anderen Themen schaue. Wenn es optimal liegt, dann liegen 8 Karten rund um das Kreuz und das Haus, in dem das Kreuz liegt, zeigt mir das Karma, das Thema an. Im Haus des Kreuzes finde ich die Lernaufgabe, die es zu bewältigen gilt. Falls das Kreuz am Rand liegt, nehme ich ein neues Deck und lege die fehlenden Positionen an. Bei der Deutung gehe ich dann in folgender Reihenfolge vor:

<u>Die Positionen sind wie folgt zu deuten:</u>

X Karma, Erbe der Vergangenheit

Position 6 Ursache, was es ausgelöst hat

Position 4 negativer Glaubenssatz, der sich daraus gebildet hat

Position 1 Prägung, die damit einhergeht

Position 2 Handlung, die daraus resultiert

Position 3 Motivation, neue Wege zu gehen

Position 5 positiver Glaubenssatz, der sich etablieren sollte

Position 7 Absicht, die dahinter stecken sollte

Position 8 Wirkung auf das zukünftige Leben

Dies verschafft mir einen optimalen Überblick über die Situation, was im Argen liegt und wie es zu bereinigen ist.
Ich möchte es mal an einem Beispiel verdeutlichen, was ich meine. Dazu lege ich die 9er-Legung frei aus, ohne das Große Blatt auszulegen.

Legung Karma, Erbe der Vergangenheit

X Karma, Erbe der Vergangenheit *Karte Haus*
Nicht die notwendige Stabilität und den notwendigen Schutz im Zuhause gehabt zu haben, daher nicht mit seinen elementaren Bedürfnissen verbunden sein.

Position 6 Ursache, was es ausgelöst hat *Karte Sterne*
Die spirituelle Erfahrung zu machen, sich selbst zu genügen und seinen Visionen zu folgen, tiefere Einsichten in Zusammenhänge.

Position 4 Negativer Glaubenssatz, der sich daraus gebildet hat *Karte Fische*
Ich bin sensibel und scheu, ziehe mich schnell zurück, lasse nicht in meine Seele schauen.

Position 1 Prägung, die damit einhergeht *Karte Blumenstrauß*
Eine reiche, phantasievolle Innenwelt und Kreativität, die sich ausdrücken möchte.

Position 2 Handlung, die daraus resultiert *Karte Ruten*
Im Widerstreit mit sich selbst und anderen sein, sich in Diskussionen verstricken, um recht zu haben.

Position 3 Motivation, neue Wege zu gehen *Karte Dame*
Sich selbst mehr annehmen zu können und andere mehr an sich heranzulassen.

Position 5 Positiver Glaubenssatz, der sich etablieren sollte
Karte Park
Ich stehe in Verbindung mit den Menschen in meinem Umfeld, lasse Masken fallen.

Position 7 Absicht, die dahinter stecken sollte *Karte Herr*
Mehr aus sich herausgehen, aktiv auf andere zugehen und sich zeigen.

Position 8 Wirkung, auf das zukünftige Leben *Karte Buch*
Seine Zurückhaltung aufgeben und sich nicht mehr Kontakten mit anderen Menschen verschließen.

<u>Jetzt kann man noch einmal die Spalten anschauen, um sich die Zusammenhänge noch mehr zu verdeutlichen.</u>

Spalte 1 – Prägung, negativer Glaubenssatz, Ursache
Karten Blumenstrauß, Fische und Sterne
Reich an Phantasie und Kreativität, die jedoch mehr nach innen gerichtet ist, da man durch seelisches Ungleichgewicht vor sich hinträumt und unrealistisch ist.

Spalte 2 – Handlung, Karma, Absicht
Karten Ruten, Haus und Herr
Um Streitigkeiten und Auseinandersetzungen im privaten Bereich zu vermeiden, wäre es ratsam, die Atmosphäre bewusst auf Konstruktivität zu lenken.

Spalte 3 – Motivation, positiver Glaubenssatz, Wirkung
Karten Dame, Park und Buch
Dabei sollte man weltoffen und weise vorgehen, alle einbeziehen und keinen über seine Absichten im Unklaren lassen.

Fühle dich motiviert, deine eigene Legung zu deuten ;0)

Nun betrachten wir das Große Blatt mit jedem Haus und dessen Deutung. Ich lege dazu 9x4 aus, dir steht es aber auch frei, es in 8x4 plus 4 Karten auszulegen.

Großes Blatt – Karma und Karmaarbeit

Hier bestimme ich jede Position, basierend auf der 9x4 Legung

1. Reihe
Reiter = Aktivität
Klee = Gnade
Schiff = Weiterentwicklung
Haus = sich selbst erforschen
Baum = alte Wunden heilen
Wolken = Zweifel und Desorientierung überwinden
Schlange = Erkenntnis durch Erfahrung
Sarg = Transformation
Blumenstrauß = Freude leben

2. Reihe
Sense = Konsequenzen
Ruten = Glaubenssätze
Vögel = Gedankenkraft
Kind = inneres Kind
Fuchs = schlechte Taten
Bär = Ego/Ursache
Sterne = spirituelle Energie

Störche = Folgen
Hund = gute Taten

3. Reihe
Turm = Selbstreflektion
Park = Masken
Berg = Blockaden
Wege = Entscheidungen treffen
Mäuse = sich der Angst stellen
Herz = Liebesenergie
Ring = Kreislauf erkennen
Buch = geistige Energie
Brief = Kommunikation

4. Reihe
Herr = aktiv sein, etwas in Gang bringen
Dame = passiv sein, etwas loslassen
Lilien = Achtsamkeit entwickeln
Sonne = Wirkung, Ausstrahlung
Mond = Gefühle klären
Schlüssel = Potenzial, Befreiung
Fische = Seelenenergie
Anker = Aufgaben, an etwas arbeiten
Kreuz = Karma, gutes oder schlechtes Karma?

Jetzt gibt es die Möglichkeit, jedes Haus zu deuten, entsprechend der Bedeutung, die sich mit dem Karma beschäftigt.

Dazu möchte ich euch ein Beispiel zeigen, dass ich für Tina gelegt habe. Bei der Deutung habe ich mir angeschaut, in welches Haus die Karte gefallen ist und was in dem Haus der Karte liegt. So habe ich direkt zwei Hinweise bekommen. Vielleicht legt ihr es für euch aus, um das direkt anhand des Kartenbildes nachvollziehen zu können.

1. Reihe

Haus Reiter = Aktivität *Karte Wege*

Viele Wege und noch mehr Möglichkeiten zeigen sich und du bist dir nicht ganz sicher, welchen Weg du einschlagen sollst. Diesbezüglich stehen Entscheidungen an, doch du bist noch unentschlossen. Am wichtigsten dabei ist, dass du deinen eigenen Weg gehst, um dich weiterzuentwickeln und ganz bei dir anzukommen. Wenn du für dich etwas gefunden hast, folge dem konsequent.

Haus Klee = Gnade *Karte Wolken*

Auch wenn du dich noch unsicher fühlst, die Gnade des Augenblicks zeigt dir genau die Informationen, die du brauchst. Sei aufmerksam, denn so manches Mal liegt es genau vor dir und deine Ängste und Sorgen benebeln deinen Geist. Mache dich frei von dem Tunnelblick und sehe die Dinge so, wie sie wirklich sind. Luftschlösser helfen dir jetzt nicht weiter und führen dich nur in die Irre.

Haus Schiff = Weiterentwicklung *Karte Ruten*

Achte auf deinen inneren Dialog, der viel über deinen geistigen Zustand aussagt. Deine Selbstgespräche sollten positiv, ehrlich und zielorientiert sein. Überprüfe deine Glaubenssätze und schlachte so manche heilige Kuh, um alte Strukturen aufzubrechen. Das verschafft dir eine neue Sicht auf die Dinge und das, was du wirklich willst.

Haus Haus = sich selbst erforschen *Karte Lilien*

Denn es geht definitiv darum, in deine innere Mitte zu finden. Dafür gilt es, zu erforschen, was in dir Lebensfreude weckt und wofür du dich mit Leidenschaft einsetzen möchtest. Ein Gleichgewicht zwischen Nähe und Distanz zu finden, um für dich ein starkes Fundament in dir zu erschaffen. Das brauchst du, um dich wohl mit dir und deinem Umfeld zu fühlen.

Haus Baum = alte Wunden heilen *Karte Buch*

Es ist noch nicht alles gesagt, was ausgesprochen werden sollte. Noch nicht alles erkannt, was in der Vergangenheit geschehen ist.

Doch du solltest deiner inneren Weisheit vertrauen, die dich sicher durch dieses unentdeckte Land führt. Emotionale Wunden haben Spuren hinterlassen, die viel Stress erzeugten und noch in deinem Unterbewusstsein schlummern. Nutze all dein Wissen und sei bestrebt, noch mehr zu lernen, über dich und die Mysterien des Lebens.

Haus Wolken = Zweifel und Desorientierung überwinden *Karte Herz*

Denn dein Herz hat gelitten und dein Vertrauen wurde missbraucht. Diese tiefen Verletzungen brauchen Zeit zu heilen. Doch es ist für dich entscheidend, dies nicht zum Anlass zu nehmen, dich nun zu distanzieren und deine Gefühle nicht mehr der Welt zu zeigen. Verschwinde nicht im Nebel der Bedeutungslosigkeit, du hast so viel zu geben.

Haus Schlange = Erkenntnis durch Erfahrung *Karte Bär*

Der Bär mahnt dich, aus der Vergangenheit zu lernen und dann nicht mehr daran festzuhalten. Alles ist dazu da, in deine Selbstverantwortung zu finden, deine Selbstermächtigung in Anspruch zu nehmen und deine ganze Kraft und Stärke in dir zu finden und zu entfalten. Es nicht nur bei dir zu behalten, sondern es mit deinen Mitmenschen zu teilen, die du dir aufgrund deiner Erfahrungen besser aussuchen kannst.

Haus Sarg = Transformation *Karte Sonne*

Alles wird gut, so zeigt die Sonne es an. Alles wird sich fügen und sich zum Guten wenden. Es dient deiner spirituellen Entwicklung, schafft neue Visionen und Wünsche in dir und transformiert dein Inneres, so dass deine Ausstrahlung deinen Idealen entsprechen wird. All dies schenkt dir tiefe Einsichten in größere Zusammenhänge.

Haus Blumenstrauß = Freude leben *Karte Herr*

Trotz all der Verletzungen finde einen Weg, wieder Freude in dein Leben zu bringen. Es ist ein Elixier, was dein Handeln zu etwas

Kreativem werden lässt. Lasse dich von Lebenslust und Freude am Leben tragen und gestalte deine ganz eigene Welt, so wie sie dir gefällt.

<u>2. Reihe</u>

Haus Sense = Konsequenzen *Karte Kreuz*

Nichts ist umsonst geschehen und hatte seine Notwendigkeit, um gewisse Dinge zu erkennen und daran zu wachsen. Das Leben beschert uns immer wieder Prüfungen, die uns auffordern, unseren Glauben zu prüfen. Die Sinnsuche, ausgelöst durch schwere Zeiten, ist das Wichtigste im Leben. Und um aus emotionalen Verletzungen sich nicht zu verschließen, sondern zu erkennen, dass man es selber erlaubt hat, dass jemand einen verletzen konnte. Die Konsequenz dabei ist eine Stärkung der Eigenliebe, die dich durchs Leben trägt und dich unabhängig von Anerkennung anderer macht.

Haus Ruten = Glaubenssätze *Karte Schlüssel*

Deine Glaubenssätze sollten deine Zuversicht widerspiegeln und deinen Weg der Selbstermächtigung untermauern. Wähle solche, die dir Selbstsicherheit schenken und dich auf dem Weg deiner Erfüllung positiv begleiten.

Haus Vögel = Gedankenkraft *Karte Engelsflügel*

Deine Gedanken sollten davon bestimmt sein, dass du etwas ganz Besonderes bist. Die geistige Welt unterstützt und beschützt dich auf deinem Weg und dessen solltest du dir ganz bewusst sein.

Haus Kind = inneres Kind *Karte Turm*

Selbstreflexion ist wichtig, doch solltest du auch wieder aus deinem Elfenbeinturm herauskommen und dich um die Bedürfnisse deines inneren Kindes kümmern. Mache das spielerisch und komme wieder in die Leichtigkeit. Diese spirituelle Verbindung bereitet dir die Voraussetzung, um wieder aus deiner Isolation zu finden. Unbeschwert mit anderen umzugehen, ohne an Altem festzuhalten.

Haus Fuchs = schlechte Taten *Karte Mäuse*
Lasse allen Kummer und Gram außer Acht, löse dich von Sorgen und dem Müll von gestern. Besonders in zwischenmenschlichen Beziehungen ist es wichtig, unbelastet an die Dinge herangehen zu können. Nur so können sich neue, zarte Bande bilden. Auch wenn dir übel mitgespielt wurde, bleibe authentisch.

Haus Bär = Ego/Ursache *Karte Park*
Vielleicht hast du dich stark an deinem Umfeld orientiert, wolltest dazugehören und dich integriert fühlen. Dabei kann man sich schon mal selbst verlieren und ins Chaos stürzen. Lasse los, was nicht mehr zu dir gehört und übernehme Verantwortung für dich und deine Erfahrungen. Alles schenkt dir Selbsterkenntnis und lässt deine Masken fallen.

Haus Sterne = spirituelle Energie *Karte Kind*
Jetzt hilft dir die Naivität und Unbefangenheit eines Kindes, um ohne Schaden einen Neuanfang zu wagen. Dein Rückzug ist OK, solange du nicht darin verharrst und dich Schritt für Schritt wieder, wie der Narr, Neuem zuwendest, was nun in dein Leben kommen möchte. Auch ein Kind steht immer wieder auf und macht sich keine Gedanken über das Scheitern. Erlaube dir, dass ein neuer Lebensabschnitt für dich beginnt.

Haus Störche = Folgen *Karte Bauch*
Dann ist der Weg frei für positive Veränderungen, all das umzusetzen, mit dem du schon schwanger gehst. Triff die richtigen Vorbereitungen, schmiede Pläne und schaffe Ordnung, und du kommst zurück in deine Selbständigkeit. Baue dir eine Struktur auf, die hin zur Heilung führt. So kann sich alles zu einem großen Ganzen fügen und miteinander harmonisieren und inneren und äußeren Frieden schaffen.

Haus Hund = gute Taten *Karte Ring*
Denn die zwischenmenschlichen Beziehungen und Freundschaften sind wichtig für dich. So kannst du dein Mitgefühl ausdrücken

und deine Unterstützung da anbieten, wo es dir und anderen zugutekommt. Nur so erlebst du, wer du wirklich bist und was wichtig ist in deinem Leben.

3. Reihe

Haus Turm = Selbstreflektion *Karte Störche*

Du weißt, dass du flexibel und anpassungsfähig bist. Veränderung ist die einzige Konstante im Leben, also vertraue und nutze deine Erfahrungen. Nutze die fruchtbaren Erkenntnisse für dein Voranschreiten, das auch dazu führen kann, mal die Perspektive zu wechseln und die Dinge auch mal von einem anderen Standpunkt aus zu betrachten.

Haus Park = Masken *Karte Hand*

Lasse alle Masken fallen, du brauchst sie nicht mehr und musst dich nicht mehr hinter ihnen verstecken. Das vergangene Chaos hat auf jeden Fall dazu geführt, dich zu hinterfragen und wirklich zu erkennen, was du möchtest und was du lieber loslassen solltest.

Haus Berg = Blockaden *Karte Berg*

Berg auf Berg, wow, das ist bei mir meist durch die Doppelung ein besonderes Zeichen. Dass es da Blockaden zu überwinden gilt, ist klar. Jedoch zeigt es mir auch daraus ausgelöste Gipfelerlebnisse an, in denen deine Ausdauer und dein Durchhaltevermögen belohnt wird. Zugegeben, es war echt anstrengend und eine echte Herausforderung, aber du hast dabei eigene Grenzen überwunden und dich neu definiert.

Haus Wege = Entscheidungen treffen *Karte Schlange*

Die Schlange zeigt, dass du aus Erfahrungen gelernt hast und zu wichtigen Erkenntnissen gefunden hast. Dein Ego hat zwar gelitten, aber das kann es verkraften und sollte sich nicht so wichtig nehmen. Entscheidend ist, dass dies dich dir selbst näher gebracht hat, Glückwunsch!

Haus Mäuse = sich der Angst stellen *Karte Hund*
Ja, Freundschaften sind für dich wichtig in deinem Leben, das hatten wir ja schon an anderer Stelle. Unser Gegenüber fordert uns immer wieder heraus, uns zu zeigen und alles herauszuholen, was da in einem steckt. Also stelle dich der Angst, wieder zu vertrauen. Es lohnt sich und macht dich und dein Leben um so viel reicher, wenn es wahre Freundschaft ist.

Haus Herz = Liebesenergie *Karte Sense*
Lasse die Verletzungen deines Herzens nicht dein Leben bestimmen. Narben sind wir Trophäen, die zeigen, dass man wirklich lebt. In Japan werden zerbrochene Vasen mit Gold gekittet, so solltest du es auch mit deinem Herzen machen. Etwas noch viel Wundervolleres, noch mehr fähig zu sein, zu lieben, kommt dabei heraus.

Haus Ring = Kreislauf erkennen *Karte Brief*
Kommunikation auf ehrlicher Basis, kreativ und voller Lebensfreude ist die beste Art und Weise, Partnerschaften mit anderen einzugehen. Nichts kann dir diese Freude streitig machen und du solltest sie als Geschenk erkennen.

Haus Buch = geistige Energie *Karte Vögel*
Also konzentriere dich auf das Gute in den Menschen. Fokussiere dich und lasse dich nicht stressen von Menschen, die es nicht verdient haben. Es kommen auch wieder ruhigere Zeiten. Lasse Taten sprechen und mache genau das, was du willst. So kannst du dem Stress am besten begegnen. Hauptsache, du weißt für dich, wo du lang möchtest und was dir wirklich wichtig ist.

Haus Brief = Kommunikation *Karte Blumenstrauß*
Also zeige dich kreativ, zeige dich und kommuniziere all das, was du schon immer mal sagen wolltest. So kann sich jeder daran orientieren und dich besser einschätzen. Du hast einiges zu sagen, nur zu! Du findest nun die richtigen Worte.

4. Reihe

Haus Herr = aktiv sein, etwas in Gang bringen *Karte Fische*
Du tauchst ab in die Tiefen deiner Seele und das ist auch gut so. Es hat sich gezeigt, mit wem du wirklich seelisch verbunden bist. Alles, was jetzt an die Oberfläche kommt, macht dir keine Angst mehr. All das hat dir viel Selbsterkenntnis beschert und hat dazu geführt, dass deine Verbindung zu deiner Seele intensiver geworden ist.

Haus Dame = passiv sein, etwas loslassen *Karte Haus*
Dein privates Umfeld ist dein Lebenselixier, der Ort, wo du so sein kannst wie du bist. Wo du dich wohl und sicher fühlen kannst und der dir die Basis bietet, alles andere mit Bravour zu meistern. Du bist mit dir im Reinen und fühlst dich immer wohler in deiner Haut.

Haus Lilien = Achtsamkeit entwickeln *Karte Fabrik*
Arbeite intensiv an deinem inneren Frieden und deinem emotionalen Gleichgewicht. Übe dich in Achtsamkeit dir selbst und deinen Bedürfnissen gegenüber. So wirst du schnell bemerken, wenn mal wieder etwas in Schieflage gerät und dich aus deiner inneren Mitte reißen möchte. Durch die Verbindung zu dir selbst ist dir diese Balance sehr wichtig geworden.

Haus Sonne = Wirkung, Ausstrahlung *Karte Sterne*
Deine spirituelle Entwicklung, die damit einhergeht, habe ich vorhin schon angesprochen. Du kannst nach den Sternen greifen, deine Visionen umsetzen und zuversichtlich in die Zukunft schauen. Neues liegt in der Luft und möchte erfahren werden. Lasse es dein ganz eigenes Abenteuer sein!

Haus Mond = Gefühle klären *Karte Anker*
Bleibe mit deinen Gefühlen verbunden und vertraue ihnen. Sie zeigen dir sofort, wo du Illusionen verfällst oder Ängste dich warnen wollen. Deine Empfindsamkeit ist ein Vorteil, den du nutzen solltest. Dein Bauchgefühl, was sich durch deine Intuition ausdrückt, zeigt dir den Weg hin zu einer starken Psyche.

Gefühlsschwankungen gehören dazu, doch finde immer wieder in deine Sensibilität und gebrauche deine Vorstellungskraft, um an dir zu arbeiten.

Haus Schlüssel = Potenzial, Befreiung *Karte Reiter*
In dir ist so viel Motivation und Tatendrang, also nimm dein Leben in die Hand. Achte auf deine Gedanken, die positiv und bereichernd sein sollten und übernimm die Verantwortung für alles, was da kommen mag. So wirst du viel in deinem Leben bewirken, denn du weißt jetzt darum, dass du dein Schicksal selber bestimmen kannst.

Haus Fische = Seelenenergie *Karte Dame*
Deine Verbindung zu deiner Seele und allen seelischen Prozessen der vergangenen Zeit haben dir gezeigt, dass man auch passiv sein darf und dass es auch mal darum geht, etwas anzunehmen. Lasse los, was dich kaputt macht und stärke diese Verbindung zu dir selbst.

Haus Anker = Aufgaben, an etwas arbeiten *Karte Klee*
Glückliche Fügungen und gute Gelegenheiten werden dich dabei unterstützen und dir dabei helfen, dir wieder diese Freude und Leichtigkeit zu erarbeiten, die du glaubtest, verloren zu haben. Sei voller Hoffnung und Optimismus und lebe deine Lebensfreude in vollen Zügen aus.

Haus Kreuz = Karma, gutes oder schlechtes Karma? *Karte Sarg*
Transformation ist der rote Faden, der sich durch das Kartenbild zieht. Du beendest, was dir nicht mehr gut tut und lässt alles los, was dich daran hindert, voranzugehen. Du hast so manche alte Überzeugung zu Grabe getragen, doch die Angst vor dem Ungewissen kann dich nicht mehr davon abhalten, wie Phönix aus der Asche aufzusteigen.

Da ich mit den vier Zusatzkarten von Angelinas Lenormandkarten gearbeitet habe, nehme ich die letzten vier Karten für ein Fazit.

FAZIT *Karten Mond-Baum-Schiff-Fuchs*
Ein ziemliches Gefühlschaos liegt hinter dir und hat dich innerlich wachsen lassen. Das hat alles so geschehen müssen, damit du dich entwickelst und wirklich authentisch dein Leben in die Hand nimmst. Geduld und eine unmissverständliche Sehnsucht nach ehrlichen Beziehungen lässt dich in Zukunft sofort fühlen, wenn etwas falsch läuft oder dich jemand betrügen möchte. Vertraue deinen Instinkten, sie führen dich durch die Wogen des Lebens.

Feedback von Tina
Liebe Andrea, vielen Dank für deine ganze Mühe und eine sehr treffende Legung!
Es hat mich sehr überrascht, wie viel Tiefe sie hatte und wie viel Wahrheit in ihr liegt. Viele Dinge, die bisher nur vage in meinen Gedanken existierten, liegen jetzt ganz klar und offen sichtbar vor mir.
Ich denke, dass mir deine Legung an den richtigen Punkten die Augen geöffnet hat und mich darin bestätigt, meinen eingeschlagenen Weg weiter zu beschreiten!
Vielen Dank für so viele Erkenntnisse!

Zudem kann ich euch zwei weitere Möglichkeiten anbieten. Bei der ersten Variante gehen wir von der 9x4-Legung aus und teilen die 9 Karten einer Reihe in drei Bereiche ein. So werden wir mit allen Aspekten durch das Thema geführt.

Diese Variante habe ich auch für die Themen Beruf/Berufung/Projekte und das Liebes-Bord entwickelt. Dazu mehr in weiteren E-Books ;0)

Motivation	Heilung	Transformation
Reiter-Klee-Schiff	Haus-Baum-Wolken	Schlange-Sarg-Blumen
Probleme	**Impulse**	**Veränderungen**
Sense-Ruten-Vögel	Kind-Fuchs-Bär	Sterne-Störche-Hund
Phönix	**Ursache**	**Umsetzung**
Turm-Park-Berg	Wege-Mäuse-Herz	Ring-Buch-Brief
Gleichgewicht	**Kraftquelle**	**Wirkung**
Herr-Dame-Lilien	Sonne-Mond-Schlüssel	Fische-Anker-Kreuz

Deutung in der Reihenfolge beginnend in Reihe 1:

Motivation

Motivation – Karten *Reiter, Klee, Schiff*
Reiter – Aktivität
Wo ist man seines Glückes Schmied?
Klee – Gnade
Wo helfen einem glückliche Fügungen, um in den Flow zu kommen?
Schiff – Weiterentwicklung
Wie kann man seine Weiterentwicklung unterstützen?

Heilung

Heilung – Karten *Haus, Baum, Wolken*
Haus – sich selbst erforschen
Was will man wirklich und was tut einem gut?
Baum – alte Wunden heilen
Was heilt einen und lässt einen wachsen?
Wolken – Zweifel und Desorientierung überwinden
Was klärt den Geist und verschafft mehr Durchblick?

Transformation

Transformation – Karten *Schlange, Sarg, Blumen*
Schlange – Erkenntnis durch Erfahrung
Welche Heilkraft wirkt in einem und lässt einen Altes überwinden?

Sarg – Transformation
Was braucht man, um zu transformieren und sein Karma positiv zu beeinflussen?
Blumenstrauß – Freude leben
Wie und wo kann man seiner Lebensfreude und Kreativität mehr Ausdruck verleihen?

……in der 2. Reihe................

Problem
Problem – *Karten Sense, Ruten, Vögel*
Sense – Konsequenzen
Was verletzt einen und welche Auswirkungen hat das?
Ruten – Glaubenssätze
Welche Konflikte zeigen sich Aufgrund falscher Glaubenssätze?
Vögel – Gedankenkraft
Was überfordert einen und bereitet Stress und Aufregung?

Impulse
Impulse – *Karten* Kind, Fuchs, Bär
Kind – inneres Kind
Wie steht das innere Kind dazu? Ist man mit dem inneren Kind verbunden?
Fuchs – schlechte Taten
Wo gilt es, authentischer zu werden und zu sich selbst zu stehen?
Bär – Ego//Ursache
Wie kann man aus der Vergangenheit lernen und Selbstbewusstsein zeigen?

Veränderungen
Veränderungen – *Karten Sterne, Störche, Hund*
Sterne – spirituelle Energie
Worüber gilt es Klarheit zu gewinnen bezüglich der spirituellen Entwicklung?

Störche – Folgen
Was verändert sich gerade und schafft Raum für bereichernde Realitäten?
Hund – gute Taten
Was wird schon richtig gemacht und unterstützt die Veränderung?

...weiter in Reihe 3...........

Phönix aus der Asche
Phönix aus der Asche – *Karten Turm, Park, Berg*
Turm – Selbstreflexion
Wo oder wie sollte man Selbstverantwortung leben?
Park – Masken
Hinter welchen Masken versteckt man sich?
Berg – Blockaden
Welchen Herausforderungen muss man sich stellen, um positives Karma zu schaffen?

Ursache
Ursache – *Karten Wege, Mäuse, Herz*
Wege – Entscheidungen
Welche Entscheidungen bestimmen den weiteren Weg, das Schicksal?
Mäuse – sich der Angst stellen
Welcher Kummer und welche Sorgen schwächen einen?
Herz – Liebesenergie
Wohin führt einen das Herz? Was liegt einem am Herzen?

Umsetzung
Umsetzung – *Karten Ring, Buch, Brief*
Ring – Kreislauf/Wiederholung
Was gilt es, zu erkennen, um ständige Wiederholungen im Leben zu vermeiden?
Buch – geistige, mentale Kraft
Welches Wissen steht einem bei der Verwirklichung zur Verfügung?

Brief – Kommunikation
Wie ist die Kommunikation und auf welche Art und Weise sollte sie geführt werden?

....................und zuletzt Reihe 4............

Gleichgewicht
Gleichgewicht – *Karten Herr, Dame, Lilien*
Herr – aktiv sein, etwas in Gang bringen
Was kann man aktiv tun, um sein Karma zu verbessern?
Dame – passiv sein, etwas loslassen
Was gilt es zu akzeptieren und so hinzunehmen?
Lilien – Achtsamkeit entwickeln
Was hilft einem, in Harmonie zu kommen und Gelassenheit zu entwickeln?

Kraftquelle
Kraftquelle – *Karten Sonne, Mond, Schlüssel*
Sonne – Wirkung, Ausstrahlung
Wie nutzt man seine Energie und wofür sollte man sie einsetzen?
Mond – Gefühle klären
Wie bringt man seine Gefühle in Harmonie und Einklang mit seinem Karma?
Schlüssel – Potenzial
Wofür sollte man sich öffnen, um sein Potenzial voll auszuschöpfen?

Wirkung
Wirkung – *Karten Fische, Anker, Kreuz*
Fische – Seelenenergie
Ist die Seelenverbindung innig und wird ihr Entfaltung ermöglicht?
Anker – Aufgabe, an etwas arbeiten
Woran sollte man arbeiten, um sich gutes Karma zu schaffen?
Kreuz – Karma
Das Karma und die Wirkung aller Bemühungen.

Aus jeder 3er-Kombination kann man zusätzlich die Quersumme errechnen und als Schlüssel zu nutzen, für die Quintessenz der drei Karten.

Wer mit den Zusatzkarten arbeiten möchte, nimmt die übrig gebliebenen 4 Karten noch als besondere Botschaft oder das Fazit.

Hierzu eine Beispiellegung, um es mal zu zeigen. Es werden wie beschrieben jeweils 3 er Kombinationen gebildet mit einer Überschrift.

<u>Wir beginnen mit der ersten Reihe:</u>

Motivation
Haus Reiter/ Aktivität
Was kann man aktiv tun, um sein Karma positiv zu verbessern?
Karte Schlange
Altes loslassen/ sich neu entfalten/ für Heilung bereit sein/ sich mehr Zeit nehmen

Haus Klee/ Gnade
Wo helfen einem glückliche Fügungen, um in den Flow zu kommen? *Karte Fuchs*
Den richtigen Riecher haben/ genug Zeit, um auf den richtigen Moment zu warten

Haus Schiff/ Weiterentwicklung
Wie kann man seine Weiterentwicklung unterstützen? *Karte Schiff*
Bereits auf dem Weg sein/ Ziele setzen/ Geduld/ warten können/ Pause machen

Heilung
Haus Haus/ sich selbst erforschen
Was will man wirklich und was tut einem gut? *Karte Vögel*
Kommunikation mit sich selbst/ Neugier/ positiver Stress/ positive Aufregung/ gut zuhören

Haus Baum/ alte Wunden heilen
Was heilt einen und lässt einen wachsen? *Karte Anker*
In die Arbeit stürzen/ Beruf/Berufung finden/ an etwas arbeiten, verarbeiten/ eine Aufgabe haben/ ein Hobby pflegen

Haus Wolken/ Zweifel und Desorientierung überwinden *Karte Dame*
Im Inneren Klarheit finden/ geduldig darauf warten/ etwas annehmen/ sich die Dinge entwickeln lassen.

Transformation
Haus Schlange/ Erkenntnis durch Erfahrung *Karte Park*
Seine Aufgabe, seinen Platz im Leben finden/ authentisch werden und seine Masken ablegen/ Gelassenheit entwickeln durch Auseinandersetzung mit dem Außen

Haus Sarg/ Transformation *Karte Lilien*
Harmonie und ein inneres Gleichgewicht schaffen inneren Frieden, den man braucht, um sich selbst anzunehmen und in seiner inneren Mitte zu ruhen.

Haus Blumenstrauß / Freude leben *Karte Buch*
Es ist hilfreich, seine Lebenserfahrungen und die damit verbundenen Erkenntnisse zu nutzen, um seinen Lernprozess zu vollziehen. Das innere Wissen für sich und seinen kreativen Ausdruck erkennen und in der Welt sichtbar machen.

...nun die 2.Reihe.............

Probleme
Haus Sense/ Konsequenzen
Was verletzt und welche Auswirkungen hat das? *Karte Berg*
Die Baustellen des Lebens/ den innere Schweinehund überwinden/ den nötigen Biss beweisen/ die Herausforderung annehmen

Haus Ruten/ Glaubenssätze
Welche Konflikte zeigen sich aufgrund falscher Glaubenssätze? *Karte Brief*
Unbeständig und oberflächlich sein/ schnell und flüchtig sein, nicht in die Tiefe gehen/ Glaubenssatz: Ich kratze nur an der Oberfläche

Haus Vögel/ Gedankenkraft
Was überfordert einen und bewirkt Stress und Aufregung? *Karte Fische*
Unbewusste Prozesse/ seelische Verletzungen/ in die Tiefe gehen müssen/ mit dem Leben fließen wollen/ seinen Seelenplan erfüllen wollen

Impulse
Haus Kind/ inneres Kind
Wie steht das innere Kind dazu? *Karte Mäuse*
Den Mangel spüren/ Existenzängste/ Verlust schmerzlich bedauern/ Ängste und Kummer erleben

Haus Fuchs/ schlechte Taten
Wo gilt es authentisch zu werden und zu sich zu stehen? *Karte Ruten*
Überzeugungen anschauen und gegebenenfalls verändern/ Inflexibilität aufgeben/ Kompromisse finden/ Gegensätze anerkennen/ Glaubenssätze erkennen und korrigieren

Haus Bär/ Ego, Ursache
Wie kann man aus der Vergangenheit lernen und Selbstbewusstsein zeigen?
Karte Baum

Die Dinge mit Geduld sich entwickeln lassen/ Reife entwickeln/ Themen, die noch nicht abgeschlossen sind, bearbeiten/ den wesentlichen Sinn erkennen

Veränderungen
Haus Sterne/ spirituelle Energie
Worüber muss man Klarheit gewinnen bezüglich der spirituellen Entwicklung?
Karte Störche
Abwechslung und Vielfalt leben/ soziales Miteinander/ einer Gemeinschaft angehören/ Impulse für Neues gewinnen/ neue Lebensphase akzeptieren

Haus Störche/ Folgen
Was verändert sich gerade und schafft Raum für bereichernde Situationen bzw. Realitäten? *Karte Sterne*
Verbesserung der Situation/ den Horizont erweitern/ Vertrauen in die Zukunft/ Visionen entwickeln

Haus Hund/ gute Taten
Was wird schon richtig gemacht und unterstützt die Veränderung?
Karte Wege
Einen eigenen Weg finden/ Entschlossenheit/ neue Ausrichtung/ Orientierung finden/ Perspektiven wechseln/ karmischen Lebensplan verfolgen

................nun die 3. Reihe...........

Phönix aus der Asche
Haus Turm/ Selbstreflexion
Wo oder wie sollte man Selbstverantwortung leben? *Karte Ring*
Bei den Verpflichtungen, die man sich selber gesetzt hat/ in den Beziehungen aller Art/ die Routine zu meistern

Haus Park/ Masken
Hinter welchen Masken versteckt man sich? *Karte Turm*
Introvertiertheit/ niemanden an sich heranlassen/ sich vor Abweisung anderer schützen

Haus Berg/ Blockaden
Welchen Herausforderungen muss man sich stellen, um positives Karma zu erschaffen? Karte Mond
Schattenanteile annehmen und transformieren/ seiner Intuition vertrauen lernen/ Schwermut und Hang zur Melancholie überwinden/ lernen, mit seiner Empfänglichkeit umzugehen/ sich seinen Gefühlen stellen.

Ursache
Haus Wege/ Entscheidungen treffen
Welche Entscheidungen bestimmen den weiteren Weg des Schicksals?
Karte Sense
Eine karmische Lektion, die den wunden Punkt offenbart und eine Lebenskorrektur mit sich bringt/ eine Abkehr von alten Überzeugungen

Haus Mäuse/ sich der Angst stellen
Welcher Kummer und welche Sorgen schwächen einen? *Karte Kreuz*
Unabwendbare Erfahrungen/ das Unausweichliche, dem man sich stellen muss/ Karma

Haus Herz/ Liebesenergie
Wohin führt einen das Herz, was liegt einem am Herzen? *Karte Sarg*
Ende eines Zyklus, einer Phase/ tiefe und intensive Erfahrungen erleben/ Beginn einer Wandlungsphase/ wie Phönix aus der Asche aufsteigen

Umsetzung
Haus Ring/ Kreislauf, Wiederholung erkennen
Was gilt es zu tun, um Lernaufgaben zu bewältigen? *Karte Wolken*
Den Tunnelblick aufgeben/ alte Glaubenssätze korrigieren, da sie einen daran hindern, sein Potenzial zu erkennen/ im Nebel zu stehen/ keine Luftschlösser mehr bauen/ schwarz-weiß Denken überwinden

Haus Buch/ geistige Energie, Mentalkraft
Welches Wissen steht einem bei der Verwirklichung zur Verfügung? *Karte Sonne*
Selbstbewusstsein/ Selbstvertrauen/ bereits vollzogene Persönlichkeitsentwicklung, Erfahrungen/ Energie/ Willenskraft/ Optimismus

Haus Brief/ Kommunikation
Auf welche Art und Weise sollte man mit anderen kommunizieren? *Karte Reiter*
Entschlossen und dynamisch/ die Initiative ergreifen und mit Enthusiasmus andere mitreißen/ selbstverantwortlich sein Leben in die Hand nehmen/ selber aktiv werden/ Zügel in die Hand nehmen.

....nun die Reihe 4...........

Gleichgewicht
Haus Herr/ aktiv sein, etwas in Gang bringen
Was kann man aktiv tun, um sein Karma zu verbessern? *Karte Haus*
Stabilität und Ruhe in seinem Leben verwirklichen/ mit seinen elementaren Bedürfnissen in Verbindung stehen und für ein gutes Körperbewusstsein sorgen

Haus Dame/ passiv sein, etwas loslassen
Was gilt es zu akzeptieren und so hinzunehmen, wie es ist? *Karte Schlüssel*

Durch Erkenntnis neue Kompetenz entwickeln/ mit Aufrichtigkeit sein Potenzial leben und das Richtige tun/ seiner Bestimmung folgen und sich dafür öffnen/ die Realität anerkennen

Haus Lilien/ Achtsamkeit entwickeln
Was hilft einem, um in Harmonie zu kommen? *Karte Herr*
Selber aktiv dafür sorgen/ ins Handeln kommen/ motiviert sein

Kraftquelle
Haus Sonne/ Wirkung, Ausstrahlung
Wie nutzt man sein Potenzial, kanalisiert man seine Energie?
Karte Klee
Mit positiver Energie und Optimismus und Lebensfreude, die in einem entwickelt wird, strahlt man dies in seine Umgebung aus/ seinem Glück vertrauen

Haus Mond/ Gefühle klären
Wie bringt man seine Gefühle in Harmonie und Einklang mit seinem Karma?
Karte Herz
Indem man sein Herz öffnet, sein Herzfeld aktiviert/ durch göttliche Liebe eine magische Anziehungskraft haben/ mit dem Herzen sehen (Der kleine Prinz)/ seine Spiritualität wirklich leben/ zu sich selber finden und durch Selbstliebe Frieden in sich schaffen/ sein Leben aus dem Herzen heraus leben

Haus Schlüssel/ Potenzial, Befreiung
Wofür sollte man sich öffnen, um mehr Sicherheit zu erreichen?
Karte Bär
Für seine eigene Kraft und Stärke, die in einem wohnt/ eine kraftvolle Autorität sein/ Erfolg und Wohlstand/ Geduld und Beständigkeit/ seine Führungsqualitäten und Diplomatie

Wirkung
Haus Fische/ Seelenenergie
Ist die Seele im Gleichgewicht und die Verbindung innig? *Karte Hund*
Durch Innenschau die Kräfte des Unbewussten entdecken und zum Ausdruck bringen/ seinen medialen Fähigkeiten Aufmerksamkeit und Entfaltungs-möglichkeiten bieten/ Gemeinschaftssinn leben

Haus Anker/ Aufgabe, an etwas arbeiten
Woran sollte man arbeiten, um sich gutes Karma zu erschaffen? *Karte Blumenstrauß*
Freude und Lebenslust auszustrahlen/ seiner Kreativität freien Lauf lassen/ seine Talente ausleben/ ein Lebenskünstler sein

Haus Kreuz/ gutes oder schlechtes Karma?
Das Karma und die Wirkung aller Bemühungen *Karte Kind*
Spielerisch und unbekümmert sein/ voller Schwung und Elan Schritt für Schritt voran gehen/ den auftrieb nutzen und spontan und mit Hingabe dem Entwicklungsprozess vertrauen und folgen/ im Hier und Jetzt sein/ durch die Heilung des inneren Kindes

Wer mag kann noch aus jeder 3er Kombination die Quersumme bilden, dies ist dann der Schlüssel, um das Karma zu harmonisieren.
Wer mit den Zusatzkarten arbeiten möchte, nimmt die übrig gebliebenen vier Karten noch als besondere Botschaft oder Fazit.

<u>Ein weiteres Beispiel zeigt, dass wir auch eine andere Reihenfolge nutzen können:</u>

Ich bleibe bei dem ausgelegten Großes Blatt, damit es nicht zu verwirrend wird mit neuen Deutungen.

....hier nun in anderer Reihenfolge der 3er-Karten:

Problem

Sense – *Konsequenzen* *Karte Berg*

Was verletzt einen und welche Auswirkungen hat das?
Sich nur zögerlich den Baustellen des Lebens stellen. Hier gilt es, den inneren Schweinehund zu überwinden und mit dem nötigen Biss die Herausforderungen anzunehmen.

Ruten – *Glaubenssätze* *Karte Brief*

Welche Konflikte zeigen sich aufgrund falscher Glaubenssätze?
Man ist zu unbeständig und oberflächlich, möchte die unangenehmen Dinge schnell hinter sich lassen und nicht in die Tiefe gehen.

Vögel – *Gedankenkraft* *Karte Fische*

Was überfordert einen und bereitet Stress und Aufregung?
Doch die unbewussten Prozesse führen einen immer wieder in die Tiefe, um mit dem Leben fließen zu können und seinen Seelenplan zu erfüllen.

Ursache

Kind – inneres Kind *Karte Mäuse*

Wie steht das innere Kind dazu? Ist man mit dem inneren Kind verbunden?
Das innere Kind leidet unter den Existenzängsten und dem Mangel, der damit suggeriert wird. Damit geht ein Verlust der Unbeschwertheit einher, was dem inneren Kind nicht gut tut.

Fuchs – schlechte Taten *Karte Ruten*

Wo gilt es, authentischer zu werden und zu sich selbst zu stehen?
Man sollte sich seine Überzeugungen anschauen und gegebenenfalls verändern. Gegensätze gilt es anzuerkennen und wo möglich, Kompromisse zu finden. Falsche Glaubenssätze sollten erkannt und korrigiert werden, da sie einen unflexibel machen.

Bär – Ego//Ursache *Karte Baum*
Wie kann man aus der Vergangenheit lernen und Selbstbewusstsein zeigen?
Themen, die noch nicht abgeschlossen sind, sollten bearbeitet werden. Nur so ist es möglich, Reife zu entwickeln und die notwendige Geduld zu entwickeln, den wesentlichen Sinn zu erkennen. Förderlich wäre, die Dinge mit Geduld sich entwickeln zu lassen, und sich und anderen die notwendige Zeit zu geben, die es braucht, um Altes abzuschließen.

Transformation
Schlange – Erkenntnis durch Erfahrung *Karte Park*
Welche Heilkraft wirkt in einem und lässt einen Altes überwinden?
Bereit zu werden, seine Masken abzulegen und sich mehr zu zeigen. Nur so findet man seinen Platz im Leben und entwickelt mehr Gelassenheit.

Sarg – Transformation *Karte Lilien*
Was braucht man, um zu transformieren und sein Karma positiv zu beeinflussen?
Harmonie und in sein inneres Gleichgewicht zu kommen schafft den Frieden, den man braucht, um sich selbst anzunehmen und in seiner inneren Mitte zu ruhen.

Blumen – Freude leben *Karte Buch*
Wie und wo kann man seiner Lebensfreude und Kreativität mehr Ausdruck verleihen?
Seine Lebenserfahrung und deren Erkenntnisse nutzen, um seinen Lernprozess zu vollziehen. Das innere Wissen für sich und seinen kreativen Ausdruck erkennen und in der Welt sichtbar machen.

Heilung

Haus – sich selbst erforschen *Karte Vögel*
Was will man wirklich und was tut einem gut?
Neugier zu entwickeln und seine Energie nutzen, um positive Aufmerksamkeit sowie die Kunst, gut zuzuhören in sein Leben zu integrieren. Mit anderen ins Gespräch zu kommen und so sein Weltbild zu erweitern.

Baum – alte Wunden heilen *Karte Anker*
Was heilt einen und lässt einen wachsen?
Das Streben nach seiner Berufung zu leben und an etwas zu arbeiten, was mehr als ein Hobby ist. Dies lässt einen viel von sich erkennen.

Wolken – Zweifel und Desorientierung überwinden *Karte Dame*
Was klärt den Geist und verschafft mehr Durchblick?
Die Dinge sich entwickeln lassen und geduldig warten, bis man in der Lage ist, all die Realitäten, die sich einem zeigen, annehmen zu können.

Phönix aus der Asche

Turm – Selbstreflektion *Karte Ring*
Wo oder wie sollte man Selbstverantwortung leben?
In den Beziehungen aller Art und dem Bestreben, auch die Routine des Alltags zu meistern. Dabei ist es wichtig, die Verpflichtungen, die man sich selbst gesetzt hat, auch einzuhalten.

Park – Masken *Karte Turm*
Hinter welchen Masken versteckt man sich?
Man lässt nicht so wirklich jemanden an sich heran, ist introvertiert. Vielleicht, weil man sich vor Abweisungen anderer schützen möchte.

Berg – Blockaden *Karte Mond*
Welchen Herausforderungen muss man sich stellen, um positives Karma zu schaffen?

Hier gilt es, Schattenanteile anzunehmen und den Hang nach Schwermut und Melancholie zu überwinden. Es ist wichtig, zu lernen, mit seiner Empfänglichkeit umzugehen. Dabei unterstützt einen seine Intuition, auch mit seinen Gefühlen umzugehen.

Motivation

Reiter – Aktivität *Karte Schlange*
Wo ist man seines Glückes Schmied?
Wenn man sich Zeit dafür nimmt, ist man bereit, Altes loszulassen. Dies bewirkt Heilung und die Möglichkeit, sich zu entfalten.

Klee – Gnade *Karte Fuchs*
Wo helfen einem glückliche Fügungen, um in den Flow zu kommen?
Man gibt sich genügend Zeit und Freiraum, um auf den richtigen Moment und die richtigen Voraussetzungen zu warten. Dabei hat man den richtigen Riecher, womit man sich beschäftigen sollte.

Schiff – Weiterentwicklung *Karte Schiff*
Wie kann man seine Weiterentwicklung unterstützen?
Man ist bereits auf dem Weg (Schiff auf Schiff) und hat sich Ziele gesetzt. Mit der nötigen Geduld und indem man sich auch Pausen gönnt, geht man seinen Weg von ganz alleine.

Kraftquelle

Sonne – Wirkung, Ausstrahlung *Karte Klee*
Wie nutzt man seine Energie und wofür sollte man sie einsetzen?
Mit positiver Energie und Optimismus entwickelt sich eine Lebensfreude, die man dann in seine Umgebung ausstrahlt und Dementsprechendes anzieht.

Mond – Gefühle klären *Karte Herz*
Wie bringt man seine Gefühle in Harmonie und Einklang mit seinem Karma?
Indem man sein Herz öffnet, sein Herzfeld aktiviert und die göttliche Liebe in sich spürt. Dies bewirkt eine magische

Anziehungskraft und hilft einem, seine Spiritualität wirklich zu leben und durch Selbstliebe Frieden in sich zu schaffen und sein Leben aus dem Herzen heraus zu leben.

Schlüssel – Potenzial *Karte Bär*
Wofür sollte man sich öffnen, um sein Potenzial voll auszuschöpfen?
Durch Beständigkeit öffnet man sich seiner Kraft und Stärke, die es einem erlaubt, seine Führungsqualitäten auszudrücken. Diplomatie und Erfahrungen aus der Vergangenheit verleihen einem eine kraftvolle Autorität.

Gleichgewicht
Herr – aktiv sein, etwas in Gang bringen *Karte Haus*
Was kann man aktiv tun, um sein Karma zu verbessern?
Mit seinen elementaren Bedürfnissen in Verbindung zu stehen und für ein gutes Körperbewusstsein zu sorgen, ist die Grundlage, um Stabilität und Ruhe in seinem Leben zu verwirklichen.

Dame – passiv sein, etwas loslassen *Karte Schlüssel*
Was gilt es zu akzeptieren und so hinzunehmen?
Durch Erkenntnis kann man neue Kompetenz entwickeln und mit Aufrichtigkeit sein Potenzial leben. Dazu gehört, das Richtige zu tun, seiner Bestimmung zu folgen und sich für dafür zu öffnen, Realitäten, die nicht zu ändern sind, anzuerkennen.

Lilien – Achtsamkeit entwickeln *Karte Herr*
Was hilft einem, in Harmonie zu kommen und Gelassenheit zu entwickeln?
Selber aktiv dafür zu sorgen, motiviert zu sein, das Gleichgewicht in sich zu entwickeln.

Umsetzung

Ring – Kreislauf/Wiederholung *Karte Wolken*

Was gilt es zu erkennen, um ständige Wiederholungen im Leben zu vermeiden?

Es gilt, den Tunnelblick aufzugeben und keine Luftschlösser mehr zu bauen. Sich von Schwarz-Weiß-Denken zu trennen und alte Glaubenssätze zu korrigieren, da sie einen daran hindern, sein Potenzial zu entwickeln.

Buch – geistige, mentale Kraft *Karte Sonne*

Welches Wissen steht einem bei der Verwirklichung zur Verfügung?

Dass man mit Willenskraft, Optimismus und Selbstvertrauen alles erreichen kann, was man möchte. Selbstbewusstsein fördert die Persönlichkeitsentwicklung.

Brief – Kommunikation *Karte Reiter*

Wie ist die Kommunikation und auf welche Art und Weise sollte sie geführt werden?

Entschlossen und dynamisch sollte man die Initiative ergreifen und selbstverantwortlich sein Leben in die Hand nehmen. Es gilt, die Zügel in die Hand zu nehmen.

Impulse

Wege – Entscheidungen *Karte Sense*

Welche Entscheidungen bestimmen den weiteren Weg, das Schicksal?

Eine karmische Lektion, die den wunden Punkt offenbart und eine Lebenskorrektur mit sich bringt. Eine Abkehr von alten Überzeugungen ist dafür notwendig.

Mäuse – sich der Angst stellen *Karte Kreuz*

Welcher Kummer und welche Sorgen schwächen einen?

Jetzt ist es unausweichlich geworden, sich dem Kummer, der in einem ist, zu stellen. Das Karma schenkt einem dazu unabwendbare Erfahrungen, die man entweder als Bürde oder als Lernhinweis empfinden kann.

Herz – Liebesenergie *Karte Sarg*
Wohin führt einen das Herz? Was liegt einem am Herzen?
Man erlebt tiefe und intensive Erfahrungen, die einen darauf vorbereiten, in eine neue Phase zu treten. Altes zu transformieren und wie Phönix aus der Asche aufzusteigen.

Veränderungen
Sterne – spirituelle Energie *Karte Störche*
Worüber gilt es Klarheit zu gewinnen bezüglich der spirituellen Entwicklung?
Es gilt, eine neue Lebensphase zu akzeptieren und zu lernen, die Abwechslung und Vielfalt in seinem Leben zu realisieren. Es ist hilfreich, einer Gemeinschaft anzugehören, die einem Impulse für Neues bietet.

Störche – Folgen *Karte Sterne*
Was verändert sich gerade und schafft Raum für bereichernde Realitäten?
Eine Verbesserung der Situation ist in Sicht und eine höhere Ebene des Bewusstseins erweitert den Horizont. Vertrauen in die Zukunft unterstützt eigene Visionen, wie das Leben aussehen sollte.

Hund – gute Taten *Karte Wege*
Was wird schon richtig gemacht und unterstützt die Veränderung?
Dadurch, dass man die Perspektive wechselt und eine neue Ausrichtung findet, ist es leichter die Orientierung im karmischen Lebensplan zu finden. Man geht seinen eigenen Weg.

Wirkung

Fische – Seelenenergie *Karte Hund*

Ist die Seelenverbindung innig und wird ihre Entfaltung ermöglicht? Durch Innenschau entdeckt man die Kraft des Unbewussten und bringt diese zum Ausdruck. Dabei ist es wichtig, seinen medialen Fähigkeiten Aufmerksamkeit zu schenken, die einem mannigfaltige Entfaltungsmöglichkeiten bieten. Nach außen hin ist es wichtig, Gemeinschaftssinn zu leben.

Anker – Aufgabe, an etwas arbeiten *Karte Blumen*

Woran sollte man arbeiten, um sich gutes Karma zu schaffen? Man sollte seiner Kreativität freien Lauf lassen und seine Talente ausleben. Dies führt dazu, dass man mehr Freude und Lebenslust ausstrahlt und wie ein Lebens-künstler unbeschwert und phantasievoll sein Leben gestaltet.

Kreuz – Karma *Karte Kind*

Das Karma und die Wirkung aller Bemühungen

Voller Schwung und Elan geht man Schritt für Schritt voran und nutzt den Auftrieb ganz spielerisch und unbekümmert. Im Hier und Jetzt zu sein und mit Hingabe dem Entwicklungsprozess zu vertrauen, hilft, das innere Kind zu heilen und ihm den Kummer zu nehmen.

Aus jeder 3er-Kombination kann man zusätzlich die Quersumme errechnen und als Schlüssel zu nutzen, für die Quintessenz der drei Karten.

Wer mit den Zusatzkarten arbeiten möchte, nimmt die übrig gebliebenen 4 Karten noch als besondere Botschaft oder Fazit.

4. Kapitel

Karmalegung positives oder negatives Karma mit Zeitstrang

In dieser Legung arbeiten wir mit 18 Karten, die in drei Zeitzonen aufgeteilt werden. Jede Karte liegt auf einer festgelegten Position mit folgender Bedeutung:

Vergangenheit

Ursache	von	Karma	vergangener	Taten	oder Passivität
1	2	3	4	5	6

Gegenwart

Ausrichtung, Motivation	eigenes Karma	Familien-karma	Transformation	Beziehungs-karma	Loslassen
7	8	9	10	11	12

Zukunft

Wirkung	und	Orientierung	für	positives	Karma
13	14	15	16	17	18

Nachdem wir die Karten gemischt und in dieser Reihenfolge ausgelegt haben, werden wir die einzelnen Deutungen vornehmen und ein Gesamtbild erarbeiten. Bei der Beispiellegung wundert euch bitte nicht, denn ich habe dabei mit zwei Kartendecks gearbeitet. Das eine Deck habe ich vorher als positive Aussagen der Karten bestimmt und das zweite Deck als negative Aussagen der Karten belegt. So kann ich mir der Deutung sicher sein – ein interessantes Experiment, wie ich finde. Ihr findet dazu in meiner Deutungshilfe für Karmalegungen entsprechende Vorschläge. Fühlt euch frei, sie entsprechend euren Bedürfnissen zu ergänzen. Zunächst skizziere ich euch den Weg durch die Legung, die sich damit beschäftigt, wie es zwischen dir und einer anderen Person bestellt ist, und was es da an Möglichkeiten gibt, euer Beziehungskarma positiv zu beeinflussen.

Die Deutungsabfolge ist dabei wie folgt:

1. Vergangenheit = Ursache von Karma vergangener Taten oder Passivität
Karten 1, 2, 3, 4, 5, 6

2. Gegenwart

Ausrichtung, Motivation	eigenes Karma	Familienkarma
7	8	9
Transformation	Beziehungskarma	Loslassen
10	11	12

3. eigenes Karma = 9er-Legung

Ursache	von	Karma
1	2	3
Ausrichtung, Motivation	eigenes Karma	Familienkarma
7	8	9
Wirkung	und	Orientierung
13	14	15

Dabei werden die einzelnen Positionen wie folgt gedeutet:

Ursache = Wie hat man Karma erschaffen?
von = Wo hat man Karma erschaffen?
Karma = das Resultat
Ausrichtung, Motivation = Was ist jetzt wichtig?
eigenes Karma = Situation, aktuelles Thema
Familienkarma = Erbe, Prägung aus der Familie
Wirkung = Was macht es mit der Situation, mit dir?
und = Was unterstützt oder kommt hinzu?
Orientierung = Was ist jetzt wichtig, zu tun, wie ist zu handeln, um positives Karma zu erschaffen?

4. Beziehungskarma = 9er-Legung

Beziehungskarma = Wie zeigt sich aktuell eine Beziehung?
vergangener = Was ist da in der Vergangenheit zwischen euch vorgefallen?
Taten = Was hat man dazu beigetragen?
oder Passivität = Was hat man unterlassen zu tun?
Transformation = Was sollte man ändern, um die Beziehung zu verbessern?
Loslassen = Was gilt es loszulassen, sein zu lassen?
für = Was ist dann möglich in der Beziehung?
positives = Wie beeinflusst man es in eine positive Richtung?
Karma = Was wird dadurch an positiven Voraussetzungen in der Beziehung geschaffen?

5. Zukunft

Wirkung = Was passiert, wenn man sein eigenes Karma und sein Beziehungskarma positiv beeinflusst?
und = Was hilft einem dabei?
Orientierung = Welches Ziel, welche Orientierung sollte man dabei verfolgen?
für = Was möchte man erreichen?
positives = Welche positive Grundlage sollte es haben?
Karma= Was entsteht dadurch an positiver Veränderung?

Eine Beispiellegung soll euch mal zeigen, was man alles durch diese Legung in Erfahrung bringen kann. Es ist eine persönliche Legung und ich werde mit Minus und Plus anzeigen, welche Karte aus dem positiven oder negativen Deck gefallen sind.

Beispiellegung von mir selbst

In dieser Legung habe ich die Frage gestellt, was zwischen mir und einer Freundin los ist. Wie es dazu gekommen ist, dass Unfrieden herrscht, und wie ich aus diesem Dilemma wieder herausfinde.

Folgende Karten wurden ausgelegt:

Vergangenheit

Wege -	Herr +	Vögel +	Haus -	Störche +	Fische +
1	2	3	4	5	6

Gegenwart

Sonne +	Fische –	Schlange +	Sonne -	Mond -	Herz -
7	8	9	10	11	12

Zukunft

Dame -	Hund +	Sterne -	Ruten -	Herz +	Reiter +
13	14	15	16	17	18

Mit der Deutung gehen wir nun wie folgt vor:

1. Vergangenheit = Ursache von Karma vergangener Taten oder Passivität
Karten 1, 2, 3, 4, 5, 6

Wege -, Herr +, Vögel -, Haus -, Störche +, Fische +
Durch meine Unentschlossenheit (Wege -), nicht zu handeln (Herr +) und aufgrund der Tatsache, dass dadurch nun Stress für mich entsteht (Vögel -), weil ich es vorher nicht an mich herangelassen habe (Haus -) und eine positive Entwicklung nicht zugelassen habe (Störche +), weil ich nicht in die Tiefe des Themas eingetaucht bin.

2. Gegenwart
Karten 7, 8, 9, 10,11, 12

Sonne +, Fische -, Schlange +, Sonne -, Mond -, Herz -

Ausrichtung, Motivation	eigenes Karma	Familienkarma
7	8	9
Transformation	Beziehungskarma	Loslassen
10	11	12

Doch nun möchte ich, dass alles gut wird (Sonne +) und die unbewussten Prozesse (Fische -), die damit zusammenhängen, durch Selbsterkenntnis in die Heilung gehen können (Schlange +), um die Energielosigkeit zu überwinden (Sonne -), die nur Schwermut erzeugt (Mond -) und nicht liebevoll zu mir selbst ist (Herz -).

3. eigenes Karma = 9er-Legung

Ursache	von	Karma
1	2	3
Ausrichtung, Motivation	eigenes Karma	Familienkarma
7	8	9
Wirkung	und	Orientierung
13	14	15

Folgende Karten liegen auf den Positionen:

Wege - 1	Herr + 2	Vögel - 3
Sonne + 7	Fische - 8	Schlange + 9
Dame - 13	Hund + 14	Sterne - 15

Dabei werden die einzelnen Positionen wie folgt gedeutet:

Ursache = Wie hat man Karma erschaffen? Karte Wege -
Da ich mich nicht entscheiden konnte, eine Aussprache herbeizuführen, hat sich alles verzögert und meine Unentschlossenheit ist nur noch größer geworden.

von = Wo hat man Karma erschaffen? Karte Herr +
Bei einer Situation, in der es wichtig gewesen wäre, aktiv zu sein und ein Gespräch in die Tat umzusetzen, also die Initiative zu ergreifen.

Karma = das Resultat, Karte Vögel -
Dadurch habe ich nun mehr Stress und Hektik kommt auf; Druck, den ich mir auch hätte ersparen können.

Ausrichtung, Motivation = Was ist jetzt wichtig? Karte Sonne +
Denn es ist nun mal ein besseres Gefühl, in einer positiven Energie zu sein und zu wissen, alles ist gut zwischen uns.

eigenes Karma = Situation, aktuelles Thema, Karte Fische -
Ich hätte mehr in dieses Thema einsteigen müssen, in die Tiefe gehen und es nicht einfach verdrängen.

Familienkarma = Erbe, Prägung aus der Familie, Karte Schlange +
In unserer Familie haben wir immer die Kraft bewiesen, uns zu wandeln, ganz neu zu erfinden und uns zu häuten, was bewirkt, dass wir Altes hinter uns lassen können.

Wirkung = Was macht es mit der Situation, mit dir? Karte Dame -
Es holt mich aus dieser Passivität heraus, dieser Unentschlossenheit, die mir nur ein schlechtes Gewissen bereitet.

und = Was unterstützt oder kommt hinzu? Karte Hund +
So dass ich mir wieder selbst treu sein kann, aufrichtig meine Verfehlungen eingestehe und mich wieder loyal meiner Freundin gegenüber verhalte.

Orientierung = Was ist jetzt wichtig zu tun, wie ist zu handeln, um positives Karma zu erschaffen? Karte Sterne -
Wieder den Fokus auf das richten, was machbar ist. Alle Luftschlösser und Wunschdenken beenden, dass es von alleine wieder gut wird. Ich sollte nicht zu hohe Erwartungen haben, damit es nicht wieder Frust erzeugt, da ich meinen Idealvorstellungen einer Freundin nicht gerecht werde.

4. Beziehungskarma = 9er-Legung

Haus - 4	Störche + 5	Fische + 6
Sonne - 10	Mond - 11	Herz - 12
Ruten - 16	Herz + 17	Reiter + 18

auf den Positionen:

Beziehungskarma = Wie zeigt sich aktuell eine Beziehung? Karte Mond -
Hier zeigen sich Schwermut und Sentimentalität, was der Beziehung eine Schwere gibt und traurig macht.

vergangener = Was ist da in der Vergangenheit zwischen euch vorgefallen? Karte Haus -
Dadurch, dass ich eine Auseinandersetzung zu persönlich genommen habe, und mich dann zurück gezogen habe.

Taten = Was hat man dazu beigetragen? Karte Störche +
Die veränderten Voraussetzungen nicht annehmen wollen, anstatt flexibel darauf zu reagieren.

oder Passivität = Was hat man unterlassen, zu tun? Karte Fische +
Die Werte nicht erkannt, die diese Freundschaft so reich machen und meinen inneren Reichtum stärken.

Transformation = Was sollte man ändern, um die Beziehung zu verbessern?
Karte Sonne -
Dass ich stattdessen ein Hitzkopf bin und mir dementsprechend die Finger verbrannt habe. Dass ich mich nicht mehr energielos fühlen möchte und alles wieder gut machen möchte.

Loslassen = Was gilt es loszulassen, sein zu lassen? Karte Herz -
Und dass ich nun mal meine Eifersucht loslassen sollte, um wieder in die Liebe zu finden, die ich eigentlich für diese Person empfinde.

für = Was ist dann möglich in der Beziehung? Karte Ruten-
Dass der Konflikt, der egogesteuert ist und mein vorschnelles Handeln bereinigt werden können.

positives = Wie beeinflusst man es in eine positive Richtung?
Karte Herz +

Mehr Einfühlungsvermögen für den anderen zu zeigen, mein Herz zu öffnen und freundlich auf den anderen zuzugehen, um meiner Dankbarkeit für diese Freundschaft Ausdruck zu verleihen.

Karma = Was wird dadurch an positiven Voraussetzungen in der Beziehung geschaffen? Karte Reiter +
Durch das Aufeinanderzugehen und dadurch, die Chance zu nutzen, alles wieder in Ordnung zu bringen, kommt wieder Bewegung in die Beziehung.

5. Zukunft

Dame -, Hund +, Sterne -, Ruten -, Herz +, Reiter +

Wirkung = Was passiert, wenn man sein eigenes Karma und sein Beziehungskarma positiv beeinflusst? Karte Dame -
Dann brauche ich mich nicht mehr beleidigt zurückzuziehen und weiter ein schlechtes Gewissen haben.

und = Was hilft einem dabei? Karte Hund +
Mich an die Freundschaft zu erinnern, die mich immer unterstützt hat und sich immer als verlässlich gezeigt hat.

Orientierung = Welches Ziel, welche Orientierung sollte man dabei verfolgen?
Karte Sterne -
Es können sich nicht alle Wünsche erfüllen und ich sollte auch nicht alles so idealisieren und damit Luftschlösser bauen, die mit der Realität nichts zu tun haben.

für = Was möchte man erreichen? Karte Ruten -
Meine Vorwürfe, aus denen der Streit entstanden ist, zurückzunehmen. Alle Bewertungen und Zweifel hinter mir zu lassen und mich für mein vorschnelles Handeln zu entschuldigen.

positives = Welche positive Grundlage sollte es haben? Karte Herz +
Es sollte von Herzen kommen und all meine positiven Gefühle ausdrücken, die ich für diese Person empfinde.

Karma= Was entsteht dadurch an positiver Veränderung? Karte Reiter +
Also sollte ich Initiative zeigen und die Botschaft, wie wichtig mir die Freundschaft ist, zum Ausdruck bringen. So kann wieder Bewegung in diese missliche Situation kommen und es gibt / entsteht die Chance, dass alles wieder gut wird.

Um euch eine Deutungshilfe anzubieten, hier meine eigenen Bestimmungen der Karten, wenn ich mit zwei Decks arbeite. Dabei programmiere ich das eine Deck mit den positiven und das andere Deck mit den negativen Bedeutungen der Karte. Wie das geht, beschreibe ich in meinem Buch der Chakrenlegungen mit den Lenormandkarten, Band 12.

Nun noch eine Legung, die das Pro und Kontra eines Themas aufzeigt und die Karmaarbeit, die damit verbunden ist.

Dazu werden folgende Positionen bestimmt:

Hintergrund — **Karmaarbeit**

4	2	3	5
Erbe aus der Ahnenlinie	***Pro***	***Kontra***	Aufgabe, die sich einem stellt
6 Erfahrungen in diesem Leben	1 ***Thema***		7 Erkenntnis, die daraus gewonnenen wird

Grundlage

8	9	10	11
Talent	Denken	Fühlen	Handeln

Die verschiedenen Arten von Karma im Großen Blatt

Bis jetzt haben wir uns in kleinen und großen Legungen das Karmaprinzip von Ursache und Wirkung angeschaut. In den Weltreligionen und dem Buddhismus, sowie auch in spirituellen Betrachtungsweisen, ist die Reinkarnation bzw. Wiedergeburt und deren Möglichkeiten, aus vergangenen Leben Karma angehäuft zu haben, verwurzelt. Für diejenigen, die daran glauben, hier nun weitere Legungen, die Karma noch einmal ganz anders beleuchten.

Bei der 9x4 Auslegung des Großen Blattes finden wir folgende Karmaarten und deren Deutungen, einschließlich der umliegenden Karten. Selbstverständlich können alle Karmaarten auch einzeln ausgelegt werden, bis auf das Karma aus vergangenen Leben, welches dir im Großen Blatt anzeigt, ob überhaupt Karma aus vergangenen Leben in deinem jetzigen Leben noch Einfluss auf dich ausübt. Da hier mit dem Zeitstrahl gearbeitet wird, kann es nicht als separate Legung genutzt werden, da man ja erst einmal herausfinden sollte, ob es Karma aus vergangenen Leben gibt.

Ich lege in der 9x4 Variante, jedoch steht es dir frei es auch in der 8x4 plus vier Karten Variante auszulegen. Ich werde nicht alle Karmaarten deuten, probiere es selber aus und lass deiner Intuition freien Lauf!

Mein Karmaspiegel

Ich gehe dabei in einer bestimmte Reihenfolge vor:

1. Haus und Karte Sarg = Karma aus vergangenen Leben
Die Karte Sarg fällt in das Haus, in dem die Lernaufgabe angezeigt wird und die Karten rechts und links des Sarges sind wie ein Zeitstrahl zu lesen. Der Zeitstrahl links zeigt vergangene Leben und deren Karma, das aufgearbeitet werden möchte. Das Haus, in dem die Karte Sarg liegt, kennzeichnet die Geburt und den Auftrag, deine Lebensaufgabe in diesem Leben. Der Zeitstrahl rechts zeigt an, was dich in diesem Leben dabei unterstützt, deine Lebensaufgabe zu erfüllen.

2. Haus und Karte Lilien = Familienkarma
Im Haus der Lilien finden wir die aktuelle Situation, so, wie sich das Familienkarma im Leben gerade zeigt. Dabei geht es um die Handlungen der letzten sieben Generationen. Dieses Erbgut der Generationen kann Belastungen aufweisen, die von Generation zu Generation weitergegeben wurden und in die Heilung möchten. Die 9er-Legung bietet uns mehr Information über das Familienkarma und zeigt, ob es da etwas aufzulösen gilt.

Die Karte Lilien fällt in das Haus, in dem die Lernaufgabe angezeigt wird und die umliegenden Karten, optimalerweise acht davon, haben folgende Bedeutung:

Konflikte/ Streit	Miteinander/ Kommunikation	Zusammenhalt/ Unterstützung untereinander
Ahnenlast	**Karte Lilien** Lernaufgabe	Kontaktpflege
Ursprungsfamilie/ Erbe	Wurzeln/ Geborgenheit	Familienleben in neuer Familie oder Alleinsein

3. Haus und Karte Haus = eigenes Karma

Das eigene Karma ist die Summe aller Handlungen, die deine Seele in verschiedenen Inkarnationen begangen hat. Dieses Karma ist so wichtig, da wir hier in dieses Leben inkarniert sind, um unser Karma zu leben. Was dir hier zur Erfüllung deines Karmas zur Verfügung steht, zeigen die umliegenden Karten.
Die Karte Haus fällt in das Haus, in dem die Lernaufgabe angezeigt wird und die umliegenden Karten, optimalerweise acht davon, haben folgende Bedeutung:

Gedankenkraft	Gefühlswelt	Wirkung/Umfeld
Körper/ Wohlbefinden	**Karte Haus** Lernaufgabe	Pläne, Orientierung
Ursache/ Seelenkraft	gewonnene Erfahrungen/ Erkenntnis	Manifestation/ Aktion

4. Haus und Karte Ring = Beziehungskarma

Um unser Karma in Beziehungen zu erforschen, schauen wir uns das Beziehungskarma an, das eventuelle karmische Beziehungen oder aber auch karmische Verwicklungen, die in einer Beziehung geheilt werden möchten, anzeigen kann. Dabei kann es sich um

Beziehungen jeglicher Art handeln. Es muss nicht zwingend der Lebenspartner sein.
Im Haus des Ringes finden wir die aktuelle Situation, so wie sich das Beziehungskarma im Leben gerade zeigt.
Die Karte Ring fällt in das Haus, in dem die Lernaufgabe angezeigt wird und die umliegenden Karten, optimalerweise acht davon, haben folgende Bedeutung:

Glaubenssatz	Gefühle	Wünsche und Träume
Schwächen	**Karte Ring** Lernaufgabe	Motivation
Sozialisation	Basis/Beziehungsfähigkeit	Umsetzung/ Handeln

5. Haus und Karte Sense = Prinzip von Ursache und Wirkung
Im Haus der Sense finden wir die aktuelle Situation, so wie sich das Prinzip von Ursache und Wirkung auf unser Leben auswirkt. Die Karte Sense fällt in das Haus, in dem die Lernaufgabe angezeigt wird und die umliegenden vier Karten, wie ein Kreuz zu deuten, haben folgende Bedeutung:

6. Haus und Karte Mäuse = mieses Karma
Fällt eine negative Karte ins Haus der Mäuse, wirkt mieses Karma in unserem Leben oder dem des Fragestellers/ der Fragestellerin.

Die Deutung, um Hintergründe zu erfahren ist im Großen Blatt wie ein Kreuz zu deuten.

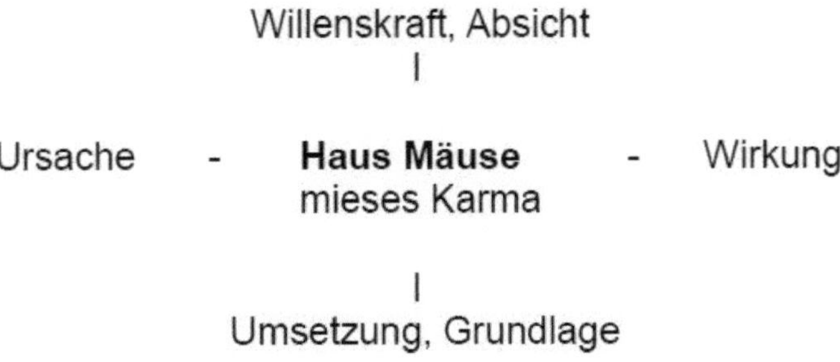

7. Haus und Karte Sonne = positives Karma
Im Haus der Sonne finden wir die aktuelle Situation, so wie sich das positive Karma im Leben gerade zeigt.
Die Karte Sonne fällt in das Haus, in dem die Lernaufgabe angezeigt wird und die umliegenden vier Karten, wie ein Kreuz zu deuten, haben folgende Bedeutung:

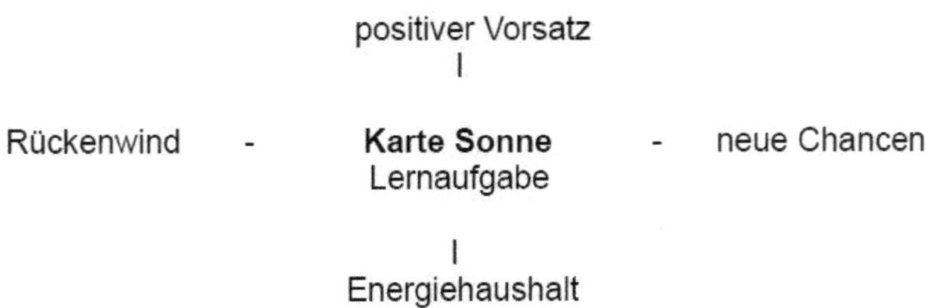

8. Haus und Karte Kreuz = Karmaschlüssel
Im Haus des Kreuzes finden wir die aktuelle Situation, so wie das Karma mit entsprechendem Schlüssel aufgelöst werden kann.
Die Karte Kreuz fällt in das Haus, in dem die Lernaufgabe angezeigt wird und die Hintergründe deutlich herausgearbeitet werden können. Die vier Karten, als Kreuz gedeutet, haben folgende Bedeutung:

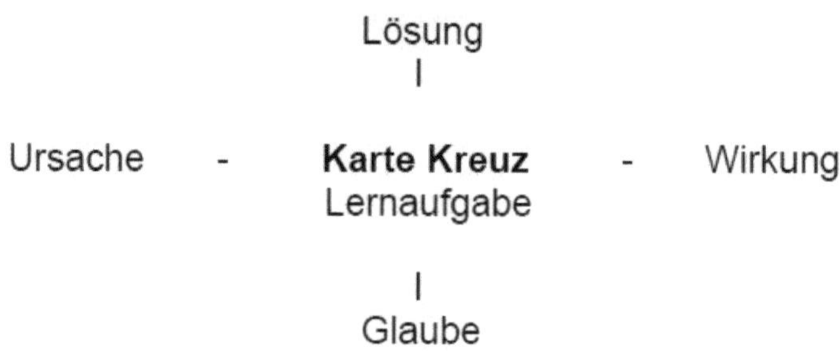

Hierzu möchte ich euch eine Legung von mir anbieten, die ich im Zuge der Entwicklung dieser Deutungsmöglichkeiten gelegt habe.

Folgendes Blatt habe ich ausgelegt:

Sarg Herr Schlüssel Reiter Störche Haus Schiff Blumen Turm

Bär Sterne Dame Fuchs Sonne Wege Kreuz Brief Sense

Herz Anker Park Fische Baum Mäuse Klee Wolken Ruten

Berg Vögel Hund Mond Buch Schlange Ring Kind Lilien

Die Deutung ist wie folgt:

1. Haus und Karte Sarg = Karma aus vergangenen Leben

Die Karte Sarg fällt in das Haus, in dem die Lernaufgabe angezeigt wird und die Karten rechts und links des Sarges sind wie ein Zeitstrahl zu lesen. Der Zeitstrahl links zeigt vergangene Leben und deren Karma, was aufgearbeitet werden möchte. Das Haus, in dem die Karte Sarg liegt kennzeichnet die Geburt und den Auftrag, deine Lebensaufgabe in diesem Leben. Der Zeitstrahl rechts zeigt an, was dich in diesem Leben dabei unterstützt, deine Lebensaufgabe zu erfüllen.
Die Karte, die in das Haus Sarg fällt, zeigt das Potenzial, was dir zur Verfügung steht.

In meiner Legung liegt der Sarg oben im Haus Reiter, also ist kein Karma vergangener Leben in meinem jetzigen Leben wirksam. Alles, was an Karma in meinem Leben eine Rolle spielt, ist in diesem Leben verursacht worden. Da kein Karma abzuarbeiten ist, fällt auch die Möglichkeit, aus vergangenen Leben zu lernen, weg. Das überrascht mich jetzt selbst, ist aber eine Gelegenheit, euch zu zeigen, wie in so einem Fall zu deuten ist.

Die Karte Sarg fällt ins Haus Reiter und zeigt meine Verbundenheit mit der geistigen Welt. Diese aktiv zu gestalten und als Lebensmotor zu nutzen, ist mein Karma. Das erfülle ich auch, wie ihr euch ja denken könnt.

Der Zeitstrahl rechts zeigt folgende Kartenabfolge: Sarg – Herr – Schlüssel – Reiter – Störche – Haus – Schiff – Blumen – Turm

Um mehr Informationen zu erhalten, beziehe ich die Häuser mit ein, das kann aber auch ignoriert werden. Für mich macht es Sinn und Folgendes kann ich daraus lesen:
Durch die Verbindung zur geistigen Welt, die aktiv gelebt wird (Sarg in Haus Reiter), ergeben sich durch mein aktives Tun viele göttliche Fügungen und Synchronizitäten in meinem Leben (Herr in Haus Klee), durch die ich lerne, loszulassen und Gott zu überlassen, was meine Weiterentwicklung fördert (Schlüssel in Haus Schiff), denn unbelastet von vergangenem Karma geht es in diesem Leben darum, mit mir ins Reine zu kommen (Reiter in Haus Haus), um auf meinem Entwicklungsweg fruchtbare Impulse zu setzen (Störche in Haus Baum), die mein Wachstum fördern. Wenn ich die Verbindung zu meinem Höheren Selbst in diesem Leben finde (Haus in Haus Wolken), wird es mir möglich, mich spirituell auf meiner Lebensreise zu heilen und Erkenntnis durch Erfahrungen zu gewinnen (Schiff in Haus Schlange). Das schöpferische Potenzial, das ich dadurch entwickle, transformiert alles

Karma und setzt Kreativität frei (Blumenstrauß in Haus Sarg), die ich nicht nur für meine eigene Selbstreflektion nutzen kann, sondern durch die ich auch meine Berufung lebe, indem ich sie weitergebe (Turm in Haus Blumenstrauß).
Im Haus Sarg findet sich der Blumenstrauß, der darauf hinweist, dass es für mich wichtig ist, meine Talente zu entwickeln und diese als Geschenk in die Welt zu bringen.

2. Haus und Karte Lilien = Familienkarma

Im Haus der Lilien finden wir die aktuelle Situation, so wie sich das Familienkarma im Leben gerade zeigt. Dabei geht es um die Handlungen der letzten sieben Generationen. Dieses Erbgut der Generationen kann Belastungen aufweisen, die von Generation zu Generation weitergegeben wurden und in die Heilung möchten. Die 9er-Legung bietet uns mehr Information über das Familienkarma, und ob es da etwas aufzulösen gilt.
Die Karte Lilien fällt in das Haus, in dem die Lernaufgabe angezeigt wird und die umliegenden Karten, optimalerweise acht davon, haben folgende Bedeutung:

Konflikte/ Streit	Miteinander/ Kommunikation	Zusammenhalt/ Unterstützung untereinander
Ahnenlast	**Karte Lilien** Lernaufgabe	Kontaktpflege
Ursprungsfamilie/ Erbe	Wurzeln/ Geborgenheit	Familienleben in neuer Familie oder Alleinsein

<u>In meiner Legung sieht es so aus:</u>

Wolken	Ruten
Kind	**Lilien**

Auch hier nutze ich die Häuser, um mehr Informationen zu erhalten. Dabei werden mir nur wenige Hinweise auf mein Familienkarma gegeben.

Karte Lilien in Haus Kreuz (Karmaschlüssel)
Hier zeigt sich, dass die Familie für mich die wichtigste Herausforderung ist und darin der Schlüssel meiner Entwicklungsmöglichkeiten liegt. Diese karmischen Prüfungen gibt es bereits in meiner Ursprungsfamilie, von deren Verstrickungen ich mich lösen muss.

Position Konflikte/Streit *Karte Wolken*
Die Streitigkeiten in der Familie haben für viele Irritationen gesorgt und mich dazu veranlasst, eine getrübte Sicht und negative Einstellung zur Familie zu entwickeln.

Position Ahnenlast *Karte Kind*
Dabei besteht keine Ahnenlast, sondern alles was in diesem Leben in meiner Ursprungsfamilie vorgefallen ist, ist das Familienkarma, was ich zu heilen habe. Durch einen Neuanfang und einer neuen, selbst gegründeten Familie habe ich die Möglichkeit mich Schritt für Schritt aus dieser negativen Familiengeschichte zu lösen und in einer neuen Familie zu leben.

Position Miteinander/Kommunikation *Karte Ruten*
In meiner jetzigen Familie ist ein soziales Netzwerk entstanden, und das durch Kommunikation, dadurch, sich miteinander auszutauschen, in Kontakt zu bleiben und eine innere Neuausrichtung vorzunehmen, die nicht mehr an die Irritationen in der Ursprungsfamilie erinnert.

Haus Lilien Karte Hund, aktuelle Situation
Hier bestätigt sich für mich die Lernaufgabe, Belastungen aus der Ursprungsfamilie als Lernaufgabe zu nutzen und das Karma der Ursprungsfamilie nicht weiterzutragen, sondern sein Familienleben neu zu gestalten, damit alte Wunden heilen können. Dabei

sollten Treue, Loyalität und Hilfsbereitschaft eine große Rolle spielen.

Bei den folgenden Karma-Beispielen lasse ich meine eigene Legung beiseite, da ich euch in den Deutungen nicht beeinflussen möchte. Denkt bitte immer daran, hier in diesem Buch sind meine Deutungen. Für dich kann deine Legung ein ganz anderes Bild und andere Inhalte zeigen. Es ist wichtig, EURE Deutungen der Karten zu finden und die Definitionen in diesem Buch sind lediglich Angebote, da sie keine allgemeine Gültigkeit haben.

„Wenn noch Fragen offen sind“, klären wir diese im letzten Kapitel mit einer Auswahl von Legungen, die für ein intensiveres Hinterfragen gedacht sind.

5. Kapitel

Wenn noch Fragen offen sind...

Legung Karma-Matrix

Dies ist eine 9er-Legung, die mal etwas anders gedeutet wird und mit der wir uns in Kartenkombinationen üben können. Das bedeutet, zwei bzw. drei Karten in einen Zusammenhang zu bringen und unter einem bestimmten Gesichtspunkt zu deuten.

Wir deuten die 9er-Legung in Reihen und Spalten und beziehen uns dabei auf ein Thema, das unser Karma beschreibt.

Hier die Festlegung der Positionen der 9er-Legung "**Karma-Matrix**"

	Ursache	**Absicht**	**Wirkung**
Hintergrund	1.	2.	3
Karma	4.	X.	5
Karmaauflösung	6.	7.	8

Daraus ergeben sich folgende Deutungsmöglichkeiten:

1) Ursache 1-4-6
2) Hintergrund 1-2-3
3) Absicht 2-X-7
4) Karma 4-X-5
5) Wirkung 3-5-8
6) Karmaauflösung 6-7-8

Hier ein Beispiel von mir. Es geht um meine berufliche Ausrichtung, die im Sommer für mich interessant wird.

	Ursache	**Absicht**	**Wirkung**
Hintergrund	Mond	Dame	Turm
Karma	Brief	Sense	Buch
Karmaauflösung	Bär	Park	Herz

So und nun die einzelnen Deutungsschritte:

1) **Ursache** Mond-Brief-Bär
Meinen Wünschen und Träumen, meinem Einfühlungsvermögen und meiner Intuition mehr Raum zu geben und den Botschaften der Karten und der Engel mehr und mehr zu vertrauen, vermittelt mir Stärke und Sicherheit in dem, was ich da tue.

2) **Hintergrund** Mond-Dame-Turm
Schon in der Kindheit hat mich das geprägt und mir ein reiches Innenleben geschenkt und mir geholfen, mich selbst zu reflektieren und erzwungene Einschränkungen als Möglichkeit zu nutzen, mich auf mich selbst zu besinnen.

3) **Absicht** Dame-Sense-Park
Ich habe dies alles in mir reifen lassen und viel über das Prinzip von Ursache und Wirkung gelernt und wie ich Belastungen beenden kann. So habe ich meinen Platz im Leben gefunden.

4) **Karma** Brief-Sense Buch
Der Kontakt zu den Karten und die Botschaften der Engel bescherten mir karmische Lektionen, die oft eine Lebenskorrektur mit sich brachten und mich immer weiter dazu antrieben, mir mehr Wissen über die Geheimwissenschaften anzueignen.

5) **Wirkung** Turm-Buch-Herz
So konnte ich alte Glaubenssätze aufgeben und mir durch spirituelle Lehren und Energiearbeit meinen Weg zu meinem Herzen, meiner Herzensweisheit ergründen.

6) **Karmaauflösung** Bär-Park-Herz
Dies alles hat mich zu einer spirituellen Lehrerin heranwachsen lassen, deren Aufgabe es wohl nunmehr sein sollte, mehr in die Öffentlichkeit zu treten und meine Erfahrungen der Herzöffnung und des Mitgefühls und der Liebe für sich selbst und andere zu entwickeln, mitzuteilen und andere Menschen dabei zu begleiten, diesen Weg auch zu beschreiten.

Ihr seht, auch diese Karma-Matrix kann euch viel Aufschluss darüber geben, wie sich Dinge entfalten, mit welchem Hintergrund und welche Wirkung es auf unser Leben hat.

Legung schnelle Klärung

Diese Legung verschafft euch einen schnellen Überblick und eine schnelle Klärung.

Ausgelegt werden die Karten wie folgt:

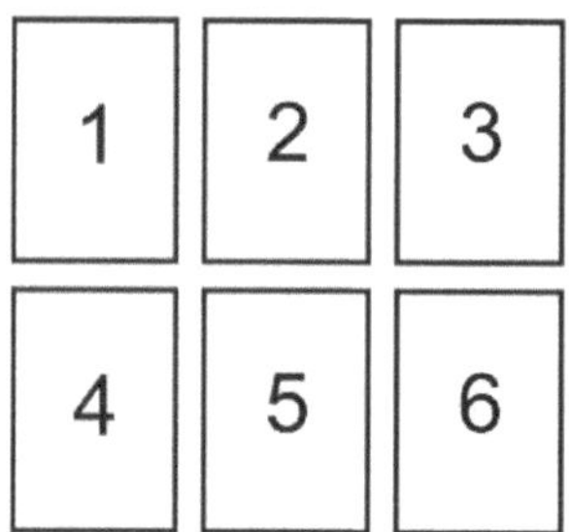

Hierfür zeige ich mal zwei Beispiele aus meinen Legungen:

Beispiel 1

1) **Situation** *Lilien*
Du strebst nach Harmonie und Ausgeglichenheit. Dein inneres Gleichgewicht ist dir sehr wichtig und die Voraussetzung dafür, mit dir und deinem Umfeld in Frieden zu sein.

2) **bleibt zurück** *Hand*
Du hast Bilanz gezogen und erkannt, dass du dich von deinem selbst geschaffenen Chaos verabschieden musst, um wieder Verantwortung für dein Leben zu übernehmen.

3) **beginnt jetzt** *Kind*
Der Neubeginn zieht am Horizont auf und du spürst genau, dass etwas Neues beginnt. Noch zaghaft, aber in kleinen Schritten setzt du deine Pläne für die Zukunft um.

4) **steckt dahinter** *Mond*
Denn du möchtest erfolgreich sein und dich dabei ganz von deiner Intuition und deinen Gefühlen leiten lassen.

5) **muss geklärt werden** *Turm*
Dein Rückzug war nützlich, um zu bemerken, wo du deine Grenzen überschreitest. Nach Selbständigkeit zu streben, ist dir wichtig.

6) **Entwicklung** *Mäuse*
Doch solltest du nicht alte Ängste und Zweifel mitnehmen, die dich verunsichern würden. Weniger Sorgen und Kummer lässt dich unbelasteter durch die Veränderung gehen.

Beispiel 2

1) **Situation Sonne**
Du hast viel Energie und deine Ausstrahlung zeigt den Optimismus, der dich gerade beflügelt.

2) **bleibt zurück** *Bauch*
Deine Vorbereitungen waren hilfreich und haben dich dabei unterstützt, etwas Neues in die Welt zu bringen und deine Pläne reifen zu lassen.

3) **beginnt jetzt** *Anker*
Jetzt beginnt die Arbeit, die daraus resultiert und mehr einer Berufung anmutet. Jetzt legst du einen wichtigen Grundstein für deine zukünftigen Projekte.

4) **steckt dahinter** *Engelsflügel*
Denn es ist etwas Wertvolles, was du der Welt durch deine Arbeit schenken möchtest und dein Weg wird von den Engeln beschützt.

5) **muss geklärt werden** *Haus*
Dabei ist es wichtig, dein Privatleben nicht aus den Augen zu verlieren und gut dafür zu sorgen, dass deine Gemütslage stabil ist und du gut für dich sorgst.

6) **Entwicklung** *Fabrik*
So wird es dir gelingen, an deinem Projekt erfolgreich zu arbeiten und dir etwas aufzubauen, was vielversprechend und zukunftstragend für dein Leben ist. Es lohnt sich dranzubleiben und deine Zeit zu investieren.

Legung Unklarheiten/Schwierigkeiten

Diese Legung wird als 9er-Legung ausgelegt.

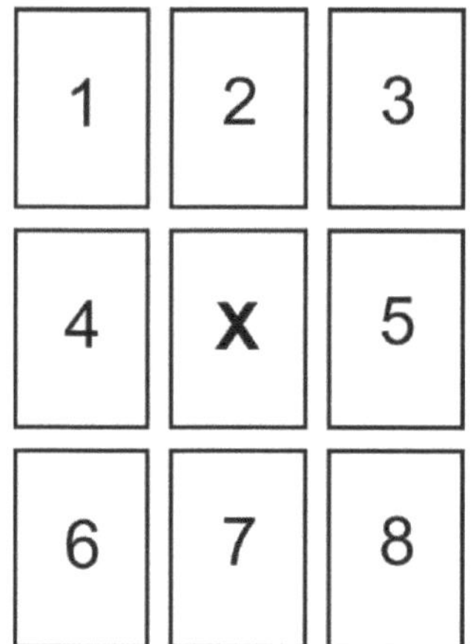

Wir beginnen mit der Deutung bei der mittleren Karte X:

X **gezogene Karte** *Sarg*
Für mich ist es jetzt wichtig, erst einmal zur Ruhe zu kommen, meiner Trauer Raum zu geben. Andererseits möchte ich aber auch ein Projekt zu Ende bringen, um dann wieder nach vorne schauen zu können. Diese Zwangspause macht mir zu schaffen und ich würde sie gerne beenden.

1. **Gedanken und Gefühle die mich nicht weiterbringen.** *Kind*
Dass ich zurzeit nur in kleinen Schritte vorankomme, macht mir viel aus und ich setze mich selber unter Druck. Eigentlich ist es naiv zu denken, so einfach weitermachen zu können.

2. **Momentane Verwirrtheit** *Sterne*
Da ich zu hohe Erwartungen an mich habe, verliere ich schnell den Fokus und kann mich nicht mehr konzentrieren. Tausend Gedanken schwirren mir durch den Kopf und trüben meine Klarheit, die ich eigentlich brauche.

3. **Dies tun, damit sich der Nebel lichten kann, sich etwas klärt.** *Dame*
Tja, ich brauche wohl mehr Geduld mit mir und sollte mehr meinen inneren Signalen folgen. Meine Gedanken sind zu streng und ich sollte lieber entspannen und schauen, was da kommen mag.

4. **Was wird nicht gesehen, ist unklar?** *Schlüssel*
Meine Kreativität ist mit Sicherheit noch da und ich sollte mich ihr einfach nur wieder öffnen und zuversichtlich sein, dass sie von ganz alleine wiederkommt, wenn ich den Druck sein lasse.

5. **Dies kann ich anpacken, um die Schwierigkeiten zu überwinden.** *Sense*
Ich sollte Konsequenzen ziehen und den Schicksalsschlag verarbeiten. Mich wieder in Form bringen, Vergangenheit loslassen und meine Verletzlichkeit als gegeben hinnehmen. Auch dies ist Energie, die ich für meine Ernte, mein Projekt, einsetzen kann.

6. **Die Ursache der Schwierigkeiten/Unklarheiten?** *Hand*
Ich befinde mich in einem Loslassprozess, den ich gerne beschleunigen würde. Das funktioniert aber nicht, wie meine Erfahrungen zeigen. Da hilft nur Selbstreflektion und Selbsterkenntnis, um mich aus diesem Chaos zu befreien.

7. **Dies kommt unterstützend dazu, um die Unklarheiten zu beseitigen.** *Lilien*
Wieder in mein inneres Gleichgewicht zu finden und dankbar dafür zu sein, was ich noch an Familie habe, könnte ein guter Weg sein. Frieden schließen mit meiner momentanen Situation und mit Ruhe und Gelassenheit zu mir und meiner Kreativität finden.

8. **Die Lösung, so wird sich die Situation bereinigen.** *Haus*
Ich werde wieder zu Stabilität und Ruhe in meinem Leben finden. Wieder innere Geborgenheit empfinden und mich wieder sicher fühlen. Und über meine elementaren Bedürfnisse wieder besser mit mir selber in Verbindung treten. Dann wird auch meine Kreativität wieder fließen und mein Projekt kann beendet werden.

Legung Worum geht es?

Diese Legung braucht nur sechs Karten, um sich Klarheit zu verschaffen. Auch hier zeige ich zwei Deutungen, um zu veranschaulichen, wie effektiv diese Legung sein kann.

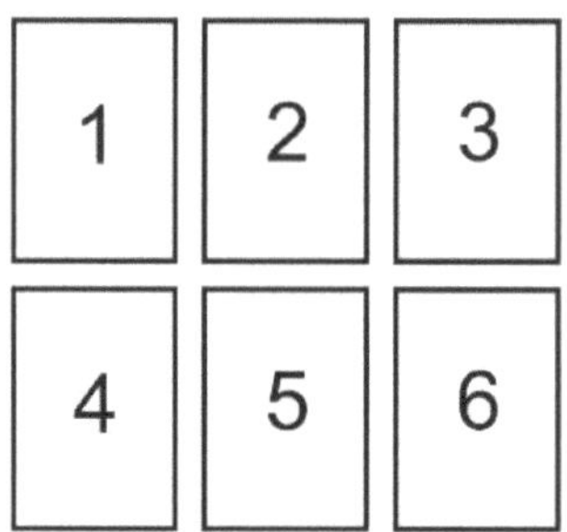

Beispiel 1

1. **Was ist das Thema, worum geht es?** *Haus*
Es geht um dein Privatleben, dein unmittelbares Umfeld. Familie, Freunde und wie du damit umgehst, dich damit fühlst

2. **Welche Information ist noch nicht dabei berücksichtigt?** *Blumenstrauß*
Nicht immer ist dir klar, wie reich beschenkt du eigentlich bist. Daher solltest du dich auf das Schöne besinnen und dir klar machen, dass du all die Menschen in dein Leben eingeladen hast. Wie ein bunter Blumenstrauß, der dir alle Facetten des Lebens bietet und verschwenderisch seinen Duft versprüht.

3. **Welche Lernaufgabe verbirgt sich dahinter?** *Reiter*
Es gibt immer etwas zu tun und dabei sollte man motiviert sein und nach Aufschwung streben. Es kommt immer darauf an, mit welchen Worten man eine Botschaft überbringt. Hierzu solltest du eine ansprechende Art und Weise wählen. Ein Bote bringt Nachrichten, die nicht immer leicht zu vermitteln sind. Besonders wenn man vielleicht ein bisschen übereifrig sich um alle kümmert.

4. **Was sagt der Verstand dazu?** *Herr*
Es bleibt viel Verantwortung an einem kleben – vieles, was man in die Wege leiten muss, worum man sich kümmern muss. So hat man immer etwas um die Ohren und ergreift die Initiative in der Annahme, sonst macht es ja keiner!

5. **Wofür schlägt das Herz?** *Sense*
Manchmal wird es einem zu viel und man möchte am liebsten auf eine einsame Insel. Die Szenenklappe fallen lassen und einfach aussteigen aus der ganzen Situation, die auch seelische Verletzungen mit sich bringt, da es nicht immer angemessen gewürdigt wird, wie man sich für die "Lieben" einsetzt.

6. **Was geschieht, wenn man seine eigene Wahrheit annimmt?** *Hand*
Auch wenn das Chaos noch so groß erscheint, schlussendlich spürt man die Verantwortung. Vielleicht ist es gut, mal zu überlegen, wo man etwas lockerer lassen kann oder auch ganz loslassen sollte. Denn oft trägt man freiwillig zu viel Verantwortung anderer, obwohl es auch anders, halt entspannter für einen ginge.

FAZIT
Überlege dir, wo deine wirkliche Verantwortung liegt, also worum du dich wirklich kümmern solltest und wo du anderen die Möglichkeit nimmst, eigene Fehler zu machen und daran zu wachsen. Das Ergebnis kann sehr entspannend sein und dir mehr Luft verschaffen, das Leben mehr zu genießen ;0)

Beispiel 2

1. **Was ist das Thema, worum geht es?** *Herz*
Es geht um eine Liebesangelegenheit oder eine Herzensangelegenheit, bei der man sich noch nicht sicher ist, wie es weiter geht. Doch es ist mit starken Gefühlen verbunden und man ist sehr gefühlsbetont.

2. **Welche Information ist noch nicht dabei berücksichtigt?** *Sterne*
Um die Zukunft richtig einzuschätzen und sich Klarheit darüber zu verschaffen, was wohl das Richtige ist, fehlt es noch an Weitblick. Klar hat man Wünsche und Träume, doch nicht immer lassen sie sich auch erfüllen.

3. **Welche Lernaufgabe verbirgt sich dahinter?** *Bär*
Es geht darum, mehr Selbstbewusstsein aufzubauen und seinen Selbstwert aufgrund der Erfahrungen aus der Vergangenheit richtig zu bewerten. Man sollte seiner eigenen Kraft und Stärke vertrauen.

4. **Was sagt der Verstand dazu?** *Kreuz*
Die Gedanken belasten einen und man empfindet es als Bürde, immer wieder das gleiche Gedankenkarussell zu haben. Doch man ist sich sicher, dass es jetzt ganz wichtig ist, dazu Stellung zu beziehen.

5. **Wofür schlägt das Herz?** *Wolken*
Da ist man sich noch nicht so sicher und fischt im Trüben. Irgendwie ist einem auch nicht klar, wie das weitergehen soll. So richtig kommt man an seine Gefühle nicht ran oder traut ihnen nicht über den Weg.

6. **Was geschieht, wenn man seine eigene Wahrheit annimmt?** *Mäuse*
Die Sorgen und Selbstzweifel sind hausgemacht und haben mehr mit sich selbst als mit dem Menschen oder der Angelegenheit zu tun. Die Angst vor Verlust, den man dabei empfindet, hält einen zurück, Farbe zu bekennen und sich endgültig der Situation zu stellen.

FAZIT
Ein Gleichgewicht zwischen Verstand und Gefühl zu erschaffen ist nicht immer leicht, doch solltest du vorher gar nichts entscheiden. Auch Verwirrtheit hat ihre Berechtigung und es ist wichtig, dich nicht unter Druck zu setzen oder setzen zu lassen. Du musst gar nix.......lass dir Zeit.........alles klärt sich........irgendwann.

Legung Denkweise/Glaubenssatz/Überzeugung

Diese 9er Legung, die alleine oder auch im Großen Blatt zu deuten ist, deckt die Überzeugungen und Glaubenssätze auf, die uns oft daran hindern, glücklicher zu leben. Wenn ich im Großen Blatt nach den Überzeugungen schauen möchte, sehe ich nach, wo die Ruten liegen.

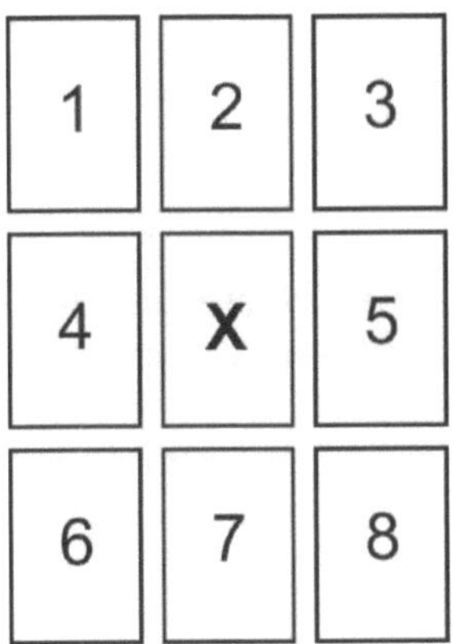

Ich deute in der Reihenfolge, wie ich auch im Großen Blatt deuten würde und möchte euch anhand einer Legung zeigen, was man alles herausfinden kann.

X Karte Ruten im Haus von.......(wenn es im Großen Blatt gedeutet wird, können die Häuser miteinbezogen werden, wer mag) oder man kann, wie in diesem Fall, eine Karte für die Mitte ziehen. Karte Reiter
Diese Karte zeigt die Denkweise, den Glaubenssatz, die Überzeugung.

Stark motiviert entsteht eine gewisse Unruhe mit dem Gedanken, unbedingt etwas in Bewegung bringen zu müssen. Ein gewisser Übereifer führt manchmal zu blinden Aktionen, die ins Leere führen und Zeit verschwenden.

Position 1 Karte Wolken
Was hat zu dieser Denkweise geführt?
Durch Unsicherheit, wie es weitergeht und da die Zukunft nicht klar vor Augen liegt, fühle ich mich wie im Niemandsland, verloren im Nebel der Möglichkeiten.........

Position 2 Karte Hund
Was wird dabei außer Acht gelassen?
Dass ich um Unterstützung bitten kann und nicht alles alleine machen muss. Zudem sollte ich mir klar machen, dass Ziele einfach ihre Zeit brauchen und es das Wichtigste ist, mir selber treu zu sein.

Position 3 Karte Herr
Welches Thema beherrscht die Gedanken dabei?
Ich möchte selber bestimmen, wie es weiter geht und mir die Dinge nicht aus der Hand nehmen lassen. Dabei sollte ich an mein Wohlbefinden denken und mich davon leiten lassen, was ich gerne mache.

Position 4 Karte Ring
Welche Gefühle werden dadurch ausgelöst?
Hin- und hergerissen durch Verpflichtungen, die erfüllt werden wollen und alte Strukturen, die weggebrochen sind, fehlt die Verbundenheit mit anderen und einer Routine, die zwar gerne verlassen wurde, aber trotzdem ein Gefühl der Sicherheit bot.

Position 5 Karte Lilien
Was gilt es zu tun, um Gefühle und Verstand in Einklang zu bringen?
Zunächst sollte ich zur Ruhe kommen, wieder in meine innere Mitte finden. Die Unruhe in mir führt zu nichts Gutem, im Gegenteil. Mit zu viel ziellosen Aktivitäten verschwende ich Energien, die ich eigentlich für mich und mein inneres Gleichgewicht brauche.

Position 6 Karte Sterne
Welche Auswirkungen hat die neue Betrachtungsweise?
Mir klar zu machen, dass ich Zeit habe und zu mir selber finden sollte, eröffnet erst die Möglichkeit, wirklich herauszufinden, was ich möchte und wohin die Reise gehen soll. Zukunft wird nicht an einem Tag gemacht...........

Position 7 Karte Sonne
Was wird einem von außen zu dieser Überzeugung gespiegelt?
Mir steht alle Kraft und Energie zur Verfügung, um alles zu erreichen, was ich nur möchte. Ich kann eigentlich optimistisch in die Zukunft blicken und davon ausgehen, dass alles gut wird, denn das Feedback der anderen ist sehr positiv.

Position 8 Karte Sense
Wodurch eröffnet sich für einen eine neue Sichtweise?
Einen harten Schnitt zu machen und dem wilden Aktionismus ein Ende zu bereiten, wird mich wieder zur Besinnung kommen lassen. Dann werde ich klarer meine Möglichkeiten erkennen, meine Talente einzusetzen, um die Ernte einzufahren.

FAZIT
Diese Legung ist für mich ein wichtiger Hinweis. Sie spiegelte gut wider, welche Unsicherheit sich aufgrund von vielen Veränderungen in meinem Leben entwickelt hatte. Ich hatte die Vorstellung, viele Dinge anfangen zu können, aber den roten Faden verloren. Sich das vor Augen führen zu können, kann dabei sehr hilfreich sein, und hat mich wieder auf Kurs gebracht.

Legung Die Erkenntnisse der Schlange

Wie man dies in einer Legung miteinander verbinden kann, möchte ich euch bei dieser 9er-Legung "Die Erkenntnisse der Schlange" zeigen.

Auch hier besteht wieder die Chance, die Beratung so aufzubauen, dass sie hin zu Heilung und persönlichem Wachstum wertvolle Hinweise geben kann.

Der Schlüssel liegt darin, uns klar zu machen, was wir übersehen und welche Erkenntnisse uns dabei helfen können, momentane Schwierigkeiten zu überwinden. Durch die Legung "Die Erkenntnisse der Schlange" können wir darauf eingehen, was uns da behindert. Zudem erkennen wir den Heilungsprozess, der hinter all unseren Situationen steckt, die nicht so glatt laufen und uns schwierig erscheinen. Ein spannender Prozess, wie ich finde, und der direkte Weg in die Klärung von Komplikationen, um wieder in den Fluss des Lebens zu kommen.

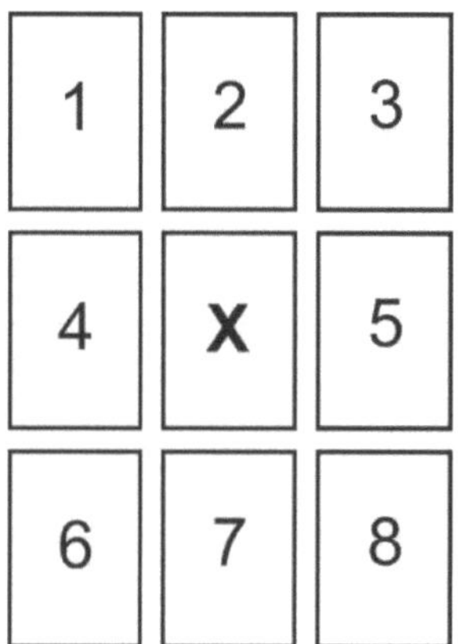

<u>Auch hier wieder eine Legung von mir:</u>

Die Karte X in der Mitte ist in der 9er-Legung die Karte Schlange und steht für die Komplikationen. In dem Großen Blatt kannst du schauen, wo die Schlange liegt und wie viele Karten drum herumliegen und dir Aufschluss bieten. Das Haus, in dem die Schlange liegt, zeigt dir schon einmal einen wichtigen Aspekt des Themas.

Dazu habe ich eine 9er-Legung für eine Freundin gelegt und ich deute sie in der mir sinnvollen Reihenfolge.

In der Mitte X liegt die Schlange

Position 1 **Ursache der Komplikationen, Schwierigkeiten oder Umwege** *Sterne*
Du möchtest deine Spiritualität leben und deine Vision deines Lebens umsetzen. Doch es fehlt dir noch an Klarheit, wie du das umsetzen möchtest. Manchmal ist es schwer deinen Idealen zu entsprechen und tiefe Einsichten in größere Zusammenhänge zu sehen.

Position 2 **Blinder Fleck** *Turm*
Du hast eine Distanz aufgebaut, die es dir schwer macht, in Verbindung mit anderen zu sein. Selbstreflexion ist wichtig, jedoch sollte sie nicht in die Isolation führen. Beende die Auszeit von der Welt und deine Introvertiertheit.

Position 3 **Was einem die Vernunft sagt** *Park*
Der Austausch mit anderen Menschen ist bereichernd und schenkt neue Impulse. Es fordert dich heraus, dich zu zeigen, so wie du bist, ohne Masken. Nur so ist ein wirkliches Miteinander möglich, denn ein Netzwerk von wichtigen Menschen ist wichtig für dein Leben.

Position 4 **Wie sich die Komplikationen gerade zeigen** *Bär*
Zugegeben, Regeneration ist wichtig. Wenn es jedoch dabei nur um die Vergangenheit geht und darum, an Altem zu haften, ist dies belastend. Diplomatie und innere Ruhe werden helfen, wieder in die eigene Kraft und Stärke zu finden.

Position 5 **Was man bedenken sollte** *Baum*
Um zu wachsen und Reife zu erlangen, ist Geduld und Beständigkeit notwendig. Starke Wurzeln sorgen für Vitalität und Heilung und sind die Voraussetzung dafür, Themen, die noch nicht abgeschlossen sind, zu bearbeiten. Dadurch erkennst du den wesentlichen Sinn hinter diesem Wachstumsprozess.

Position 6 **Dies hilft, die Situation zu verstehen** *Haus*
Mit seinen elementaren Bedürfnissen in Verbindung zu stehen, schafft die Voraussetzung dafür, innere Sicherheit und Geborgenheit zu entfalten. Diese innere Stabilität ist die Basis für alles, was da an Schwierigkeiten auftreten mag, um alles zu erreichen, was du in deinem Privatleben verwirklichen möchtest. Jedoch solltest du nicht nur um dich selber kreisen, da dies zu Langeweile und Starrsinn führen kann.

Position 7 **Diese Heilbotschaft liegt darin verborgen** *Mäuse*
Alle Grübeleien und der Verzicht auf menschliche Gesellschaft lassen dich immer unzufriedener werden. Ein Mangel an Demut sorgt zudem dafür, in Pessimismus zu verfallen. Trete aus der Isolation und dem Verzicht darauf, mit anderen Menschen umzugehen, heraus. Lasse die Passivität hinter dir und befreie dich von einschränkendem Kummer, der nur schlechte Energien erzeugt. Schaffe Ordnung und lasse alles an Ballast los, und öffne dich für neue Begegnungen.

Position 8 **So lösen sich die Schwierigkeiten** auf *Fuchs*
Wenn du ehrlich zu dir selbst bist, vermisst du die Gesellschaft anderer Menschen. Du bist zwar noch hin- und hergerissen, jedoch ist dir mittlerweile klar geworden, dass das wahre Leben da draußen stattfindet. Verstecke dich nicht länger und korrigiere dein Verhalten. Durch die Auseinandersetzung mit anderen lernst du dich selber kennen und bist gefordert, wirklich authentisch zu sein. Nur so wirst du deine Vision deines Lebens wirklich umsetzen können.

Ich hoffe, ihr seid motiviert, euch diese 9er-Legung zu legen oder schaut im Großen Blatt nach der Schlange.

Für mich bringen die Deutung der Schlange und die umliegenden Karten viel Erkenntnis.

Legung Gewissheit erlangen

In dieser Legung habt ihr einerseits die Möglichkeit, eine Themenkarte auszuwählen und auf Position X zu legen, oder eine Karte zu ziehen, so wie ich es in dem Beispiel zeige.
Diese Legung verschafft uns einen Überblick darüber, was uns bereits bekannt ist, was im Verborgenen liegt und wie wir dazu stehen.

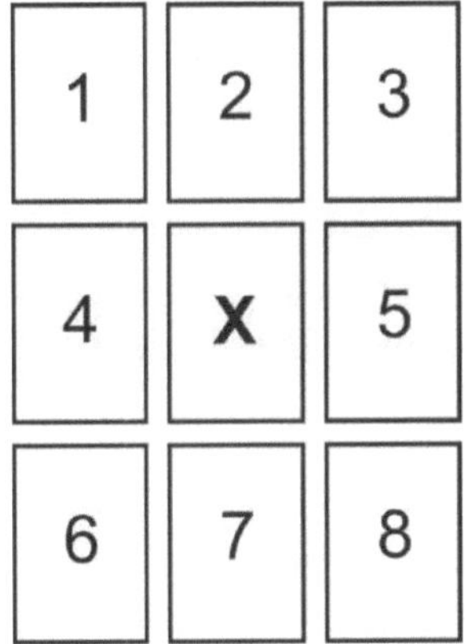

In gewohnter Reihenfolge werden die Karten ausgelegt.

<u>Ich stelle euch hier mal die Positionen im Überblick vor:</u>

X Gewissheit erlangen über........

1. Das denkt man darüber

2. Das fühlt man dabei

3. Hier ist guter Rat teuer

4. Dies liegt im Verborgenen
5. Darauf muss man sich neu einstellen
6. Diese Informationen liegen bereits vor
7. Hier verändern sich die Rahmenbedingungen
8. Dies schafft Klarheit, bringt Gewissheit

Um euch zu zeigen, was die Legung uns alles zu offenbaren vermag, habe ich sie mal auf meine aktuelle Situation gelegt. Ich beende nach 19 Jahren meine Arbeit im Al-Anon Dienstbüro, da das Büro verkleinert und in den Osten verlegt wird. Ein Schock für mich im Februar dieses Jahres, da ich doch dachte, bis zu meiner Rente dort zu arbeiten. Jetzt wollte ich mal schauen, was mir die Karten so mitteilen. Wo stehe ich jetzt, kurz vor dem Ende der Beschäftigung und der ungewissen Zukunft, die mich erwartet.

Neugierig? Nah dann schaut mal, was dabei herausgekommen ist.

X **Gewissheit erlangen über** *Bauch*
die Dinge, mit denen ich schwanger gehe, was in Vorbereitung ist und neu in die Welt möchte. Erkenntnisprozesse, die ich mir nun näher anschauen möchte.

1. **Das denkt man darüber** *Park*
Durch die Kündigung meiner Arbeitsstelle geht es für mich jetzt in die Selbstverantwortung. Ein neues Netzwerk muss aufgebaut werden, Kontakte müssen vertieft und ein neues Umfeld muss geschaffen werden.

2. **Das fühlt man dabei** *Hund*
Ich baue darauf, dass ich Unterstützung bekomme und sich für mich etwas Dauerhaftes entwickelt. Vertrauen und Loyalität sind dabei für mich sehr wichtig, mir selbst treu zu sein und loyal meinen Partnern gegenüber.

3. **Hier ist guter Rat teuer** *Wege*
Ja es geht tatsächlich darum, meinen eigenen Weg zu finden, alle Optionen zu prüfen und eventuell sogar zweigleisig zu fahren. Der Wendepunkt in meinem Leben fordert Konsequenzen, was Entschlossenheit anstatt Wankelmut von mir fordert.

4. **Dies liegt im Verborgenen** *Haus*
Dabei ist mir die Sicherheit und Bodenständigkeit sehr wichtig, meine Existenz zu sichern und das zu tun, mit dem ich mich zuhause, also angekommen und geborgen fühle. Es muss mit mir in Einklang sein.

5. **Darauf muss man sich neu einstellen** *Fabrik*
Mein Ziel ist tatsächlich die Selbständigkeit und ich weiß, dass ich dafür die Basis geschaffen habe. Es lohnt sich, längerfristig darauf hinzuarbeiten und alle Gestaltungsmöglichkeiten in Betracht zu ziehen. Jetzt habe ich die Möglichkeit, meine Talente zu leben und mich in meinen Projekten zu verwirklichen.

6. **Diese Informationen liegen bereits vor** *Berg*
Ich verschaffe mir einen Überblick und bin mir im Klaren darüber, dass ich Durchhaltevermögen und Krafteinsatz zeigen muss. Nur der richtige Biss lässt mich Gipfelerlebnisse erreichen, also nicht aufgeben und Rückgrat zeigen.

7. **Hier verändern sich die Rahmenbedingungen** *Blumenstrauß*
Für mich ist es letztendlich eine positive Entwicklung, die mehr Freude und Erfüllung in mein Leben bringt. Endlich meiner Kreativität freien Lauf zu lassen und mich wieder richtig lebendig zu fühlen, da freue ich mich schon drauf.

8. **Dies schafft Klarheit, bringt Gewissheit** *Buch*
Durch meine Lebenserfahrung und all das Wissen, was ich angesammelt habe, ist mir bewusst, dass ich nun Neuland betrete und noch viele Geheimnisse auf mich warten. Doch mein inneres

Wissen sagt mir, dass es genau das Richtige sein wird, um meinen spirituellen Lernprozess weiter zu vollziehen und mehr und mehr zu mir zu kommen und allem, was in mir noch verborgen ist.

Legung Erkenntnisse

Diese Zeit ist für uns alle auf die ein oder andere Weise herausfordernd. Jeder wird von den Auswirkungen der gesellschaftlichen, ja sogar weltweiten Situation im privaten Leben berührt.

Die Karten und ihre Antworten bieten mir immer wieder Orientierung und dafür entwerfe ich Kartenlegungen, die für mich wichtige Hinweise geben, wie sich diese Situation auf mich als spiritueller Mensch auswirkt.

Bei dieser Legung geht es um Erkenntnisse. Im Zentrum steht dabei das Mitgefühl, inwieweit es vorhanden ist und wie es verbessert werden kann.

Dazu werden fünf Karten im Kreuz ausgelegt

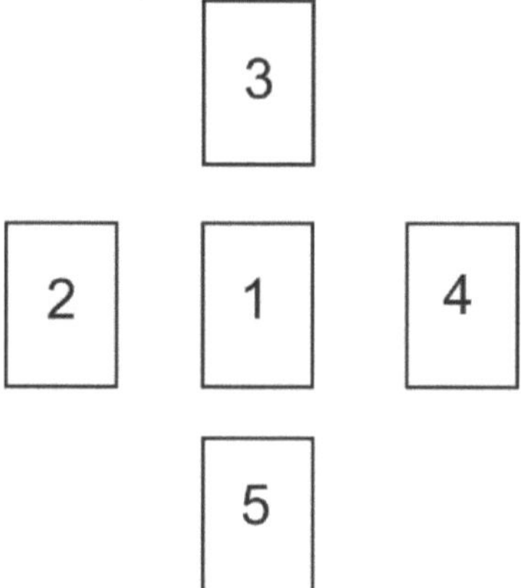

und die Positionen beinhalten folgende Themen:

Position 1 Mitgefühl, oder wie zeige ich Mitgefühl für mich und andere Menschen in meinem Umfeld?

Position 2 Urteil, worüber habe ich mir ein Urteil gebildet, das dieses Mitgefühl beeinflusst?

Position 3 Aufrichtigkeit, bin ich ehrlich mir selbst gegenüber und kann dies auch anderen gegenüber vertreten?

Position 4 Freundschaft, wie liebevoll kann ich mit anderen umgehen und meine Freundschaft zeigen?

Position 5 Vertrauen, wie kann ich mein Vertrauen zu mir selbst stärken, damit ich auch anderen mehr vertrauen kann?

Ihr seht, diese Legung spiegelt eure Haltung euch selbst und dem gegenwärtigen Leben gegenüber. Für mich eine spannende Frage, die ich mir mit den Karten beantworten kann.

<u>Meine Legung dazu:</u>

Position 1 **Mitgefühl, oder wie zeige ich Mitgefühl für mich und andere Menschen in meinem Umfeld?** *Bauch*
Ich persönlich mache mir in letzter Zeit viele Gedanken darüber, wie ich mehr Mitgefühl entwickeln kann, und wie ich es in mein Umfeld bringe. Mir geht es darum, eine Vision zu entwickeln, meine Vorstellungskraft dafür zu nutzen, heilende Impulse zu setzen und den Weg der Genesung zu gehen. Ordnung zu schaffen in meinen Gedanken und Gefühlen, um mich wieder ganz und heil zu fühlen.

Position 2 **Urteil, worüber habe ich mir ein Urteil gebildet, das dieses Mitgefühl beeinflusst?** *Schlange*
Besonders in Zeiten persönlicher Belastungen sind die Erkenntnisse durch Erfahrungen wertvoll. Die Selbsterkenntnis und die Fähigkeit, alte Belastungen abzustreifen wie eine alte Haut, initiiert einen Heilungsprozess, der Wandlung in mir hervorruft. Zu

erkennen, wann ich allzu kritisch mit mir selbst bin und mich immer dann zu besinnen, wenn es mein Mitgefühl für mich selbst beeinträchtigt.

Position 3 **Aufrichtigkeit, bin ich ehrlich mir selbst gegenüber und kann dies auch anderen gegenüber vertreten?** *Berg*
Durch die Überwindung von Selbstzweifeln, die eine reale Hürde für mich bedeutet, ist mir klar geworden, mehr Rückgrat zeigen zu müssen. Ich musste mir zunächst einen Überblick verschaffen, um meine Aufgabe zu erkennen und über mich selbst hinauswachsen zu können. Das bedeutet auch, den anderen gegenüber mehr Biss zu zeigen und meinen Willen einzusetzen, um meine Baustellen des Lebens zu bearbeiten.

Position 4 **Freundschaft, wie liebevoll kann ich mit anderen umgehen und meine Freundschaft zeigen?** *Lilien*
In dieser Zeit war ich sehr zurückgezogen und musste zunächst meine innere Mitte wiederfinden. Nur durch das Erreichen meiner Selbstannahme und dadurch, dass es mir gelingt, neue Harmonie in mir selbst zu kreieren, bin ich wieder in der Lage, für andere eine gute Freundin zu sein.

Position 5 **Vertrauen, wie kann ich mein Vertrauen zu mir selbst stärken, damit ich auch anderen mehr vertrauen kann?** *Reiter*
Für mich wird es wichtig werden, meine Vorhaben, die sich aus dieser inneren Einkehr entwickelt haben, wirklich umzusetzen. Mir den Freiraum zu schaffen, den ich brauche, um motiviert meinen eigenen Weg zu gehen. Mir zu erlauben, unabhängig in meiner Selbstverantwortung zu sein und somit auch anderen diesen Freiraum zu gewähren. Alle, die mich dabei unterstützen, sind wichtige Begleiter meines Lebensweges und würdig, mein volles Vertrauen zu genießen.

FAZIT
Es war eine wichtige, in mir enorm bewegende Zeit, die ich nicht missen möchte und die wichtige Weichen für mein zukünftiges

Leben setzen wird. Umso klarer und harmonischer es in mir ist, desto wertvoller kann ich für andere sein. Alles steht und fällt mit der Intensität des Mitgefühls für mich selbst, woraus ich alle Kraft schöpfen kann, auch für andere da zu sein.

Im Anhang findet ihr meine Deutungen der Lenormandkarten, fühlt euch frei in eurer Wahl, wie ihr die Karten für euch deuten und interpretieren möchtet. Auch für mich war das mein Weg, mir viele Deutungen anderer Kartenleger anzuschauen und dann meine eigenen Erfahrungen mit den Karten zu sammeln und die Bedeutungen zu finden, die für mich ganz persönlich stimmig sind.

Ich wünsche dir mit meinen Legungen viel Erkenntnis und denke immer daran, mit dir und anderen Fragenden liebevoll und mitfühlend umzugehen. So kann die Botschaft ins Herz kommen und dort seine transformierende Wirkung entfalten.

Ich wünsche dir Licht und Liebe auf deinem Weg.

Mögest du glücklich sein

Mögen alle Lebewesen auf dieser Erde
glücklich und zufrieden leben.

Möge ich mit meinen Gedanken, Worten
und Taten dazu beitragen.

Namaste – ***Ich grüße das Göttliche in dir.***
Ich weiß um den göttlichen Kern
in mir und somit auch in dir.
Ich strahle Licht und Liebe aus
und bin bereit,
immer das Beste zu erwarten................

Andrea Baha Leana

Deutungshilfe aller Lenormand-Karten plus Zusatzkarten

Karte 1 Reiter

allgemeine Deutung: Bote, Spontanität, Dynamik, Nachricht, Gedankenkraft, ins Handeln kommen, aktiv werden, etwas in die Tat umsetzen, die Initiative ergreifen, innere Überzeugungen, selbstverantwortlich sein Leben in die Hand nehmen, seine Lebensaufgabe erfüllen.

energetische Deutung: Starke Antriebskraft, mit Willen und Entschlossenheit seine Ziele verfolgen, starke Dynamik, eventuell auch über das Ziel hinausschießen durch Übereifer.

spirituelle Deutung: Sich seiner Chancen bewusst sein und sie nutzen, kurz entschlossen handeln, selbstbewusst auf etwas hinarbeiten, eigens initiierte innere und dadurch bedingte äußere Prozesse.

Ursache/Wirkung positiv
Bote/Mittler zwischen der geistigen und materiellen Welt, Botschaft aus der geistigen Welt, Kontakt zum Geistführer/Engel/Aufgestiegenen Meister, Bewegung, aktiv sein, Initiative zeigen, etwas in die Tat umsetzen, Dynamik, Motivation, Chancen nutzen, Spontanität, Ideen mit Begeisterung umsetzen.

Ursache/Wirkung negativ
unmotiviert sein, zögern, zaudern, nicht in die Gänge kommen, ungeduldig und kopflos handeln, voreilige Schlüsse ziehen, egoistisch denken, die Situation falsch einschätzen, Übereifer, übers Ziel hinausschießen, blinder Aktionismus.

Karma
Bote/Mittler zwischen der geistigen und materiellen Welt, Nachricht aus dem Jenseits/Jenseitskontakte/Kontakt zum Geistführer oder zu Engeln/Botschaft aus der geistigen Welt.

Karte 2 Klee

allgemeine Deutung: Lebensfreude, glückliche Fügungen, günstige Gelegenheiten, kurzes Glück, gutes Ergebnis, guter Ausgang, Optimismus, Hoffnung, Humor, Zufriedenheit, etwas Kostbares, Auftrieb, Leichtigkeit.

energetische Deutung: Positive Energien unterstützen die Vitalität und lassen einen erblühen und Lebensfreude empfinden.

spirituelle Deutung: Eine Welle der Hochstimmung, die einen trägt, aber sehr sensibel ist und schnell wieder einbrechen kann. Eine Phase des Gelingens und des Optimismus, dass alles gut ist.

Ursache/Wirkung positiv
Synchronizitäten, positive Phase, gutes Karma, Freude, Glück, sich über kleine Dinge freuen können, Gnade, glückliche Fügungen, göttliche Zeichen/Fügungen, Lebensfreude, gutes Ergebnis, guter Ausgang, Zufriedenheit, mit den richtigen Menschen/Gleichgesinnten zusammen sein.

Ursache/Wirkung negativ
kleines Glück, nicht das große Ganze erkennen, auf Fügungen hoffen, ohne etwas dafür zu tun, zu optimistisch und selbstzufrieden sein.

Karma
göttliche Fügungen/göttliche Zeichen/Synchronizitäten/Gnade.

Karte 3 Schiff

allgemeine Deutung: Idealismus, Weiterentwicklung, Abenteuer, Reisen, Ausland, der Freigeist, Toleranz und Weltoffenheit, Wünsche und Sehnsüchte, Geduld.

energetische Deutung: Energiekarte, Schaffenskraft und die Energien richtig einsetzen, innere Stärke entwickeln, die Geduld haben, etwas auf sich zukommen zu lassen, die Dinge sich entwickeln lassen, aber auch sich treiben lassen, Unbekanntes erforschen, beständig sein Ziel verfolgen.

spirituelle Deutung: Suche nach dem Sinn, eine neue Ebene erreichen, Zusammenhänge erkennen, Wissen anreichern, auf seiner Lebensreise sein.

Ursache/Wirkung positiv
Weiterentwicklung, Reise, Sehnsucht, Ziele, Träume, Wünsche, Geduld, Abenteuer, Toleranz, Weltoffenheit, spirituelle Reise, Urlaub, deine spirituelle Seelenreise, woran du wachsen darfst.

Ursache/Wirkung negativ
keine Orientierung haben, fehlender Weitblick, Visionen/Wünsche/Träume werden nicht umgesetzt, passiv sein, Einsamkeit.

Karma
deine spirituelle Seelenreise und momentanes Thema, woran du lernen darfst/in Bewegung bleiben/Einsamkeit und Reisen.

Karte 4 Haus – eigenes Karma

allgemeine Deutung: Seele, Privatleben, Familie Existenz, Haus, Wohnung, Stabilität, Sicherheit und Schutz, eigener Körper und Körperbewusstsein, dauerhafte Basis, Bodenständigkeit

energetische Deutung: Stabilität und Ruhe in seinem Leben verwirklichen, ein Nest bauen und Geborgenheit spenden, Sicherheit vermitteln.

spirituelle Deutung: Den menschlichen Körper als Sitz der Seele begreifen und pflegen, gutes Körperbewusstsein, mit sich und seinen elementaren Bedürfnissen in Verbindung stehen.

Ursache/Wirkung positiv
Seelenhaus, Ausgleichen von Yin und Yang, mit sich ins Reine kommen, Körperbewusstsein, Seele, Privatleben, Existenz, Stabilität, Sicherheit, Schutz, dauerhafte Basis, Geborgenheit, Selbstvertrauen.

Ursache/Wirkung negativ
sich in seiner Haut nicht wohl fühlen, Langeweile, Starrsinn, introvertiert sein, nicht über den Tellerrand schauen, etwas zu persönlich nehmen, keinen an sich heran lassen, Langeweile, Starrsinn.

Karma
Seelenhaus/Ausgleichen von Yin und Yang/mit sich ins Reine kommen/jetzige Inkarnation.

Karte 5 Baum

allgemeine Deutung: Gesundheit, Lebenskraft, Bodenständigkeit, Vitalität, Ruhe, Beständigkeit, Wachstum, Heilung, Reife, Geduld.

energetische Deutung: Beständiges und langsames Wachstum, kraftvolle Lebensenergie und starke Wurzeln, Kraft spendend.

spirituelle Deutung: Die Dinge mit Geduld sich entwickeln lassen, Reife entwickeln, Heilung, Lebensenergie, Verbindung zwischen Himmel und Erde – dem Weltlichen und dem irdischen Dasein, Grund- und Glaubensmuster, Themen, die noch nicht abgeschlossen sind, den wesentlichen Sinn erkennen.

Ursache/Wirkung positiv

Lebensenergie, Heilwissen aus vergangenen Inkarnationen, Gesundheit, Lebenskraft, Vitalität, Ruhe, Wachstum, über sich selbst hinauswachsen, Heilung, uraltes Heilwissen, heilende Hände, Verbindung zum Höheren Selbst, Reife, Beständigkeit, Urkraft, Verwurzelung, Bodenständigkeit, Erdenergien, Verbindung von materieller und geistiger Welt, Verwurzelung, Verbindung zu Bäumen und deren spirituellen Kräfte, schmerzhafte Erlebnisse in Erinnerungen, in Wachstum umwandeln.

Ursache/Wirkung negativ

Sturheit, Trägheit, nicht auf seine Gesundheit achten, Abgespanntheit, Müdigkeit, Stagnation, zu viel Raum für sich selbst beanspruchen.

Karma

Lebensenergie/Heilwissen aus vergangenen Inkarnationen/heilende Hände/heilende Fähigkeiten/Verbindung von materieller und geistiger Welt/Verwurzelung und Verbindung zu Bäumen und deren spirituellen Kräften/schmerzhafte Erlebnisse und Erinnerungen in Wachstum umwandeln.

Karte 6 Wolken

allgemeine Deutung: Projektionen, Transzendenz, Unklarheiten, Desorientierung, Flucht, Abhängigkeit, Selbsttäuschung, Schwarz-Weiß-Denken, fehlender Durchblick, Wechselhaftigkeit, Feigheit, Opferrolle, Probleme, Sorgen.

energetische Deutung: Schlechter Energiefluss, sich wie in einem Vakuum fühlen, Sorgen und Ängste verunsichern einen, Tunnelblick, Verunsicherung.

spirituelle Deutung: Man kann nicht klar sehen und die Realität nicht richtig einschätzen. Entweder hat man falsche Informationen oder unterliegt alten Glaubenssätzen, die das eigene Potenzial daran hindern, sich zu entfalten. Dadurch wird man verführt, Luftschlösser zu bauen und wichtige Wahrheiten nicht zu sehen.

Ursache/Wirkung positiv
Sitz der Götter und Göttinnen, Verbindung zum Höheren Selbst entwickeln, Transzendenz, auf Wolken schweben, Leichtigkeit, sich befreit fühlen, Lockerheit, Ruhe bewahren im Zentrum des Geschehens, Lage entspannt sich wieder – geht vorbei.

Ursache/Wirkung negativ
Unsicherheiten aus Erfahrungen vergangener Leben wie Verrat in der Liebe, Neid und Missgunst, Unklarheiten, Desorientierung, Flucht, Selbsttäuschung, Schwarz-Weiß-Denken, fehlender Durchblick, Wechselhaftigkeit, Opferrolle, Feigheit, stürmische Zeiten, unklare Verhältnisse, getrübte Sicht auf die Dinge, Irritationen, undurchsichtige Ereignisse, verschwommene Erinnerungen, Leichtsinn, sich nicht festlegen wollen, realitätsfremd.

Karma
Sitz der Götter und Göttinnen/Verbindung zum Höheren Selbst entwickeln/Unsicherheiten aus Erfahrungen vergangener Leben wie Verrat in der Liebe, Neid und Missgunst.

Karte 7 Schlange

allgemeine Deutung: Komplikationen, Umwege, Schwierigkeiten, Verstand, Vernunft, Erkenntnis, Selbsterkenntnis, aus Erfahrung lernen, Taktik und Berechnung, Verlockung, Versuchung, Heilung, Heilungsprozess.

energetische Deutung: Wandlungsfähigkeit, Heilungsprozess, aus Erfahrungen lernen und wachsen, unerwartete Angriffe und Vergeltungsschläge.

spirituelle Deutung: Wiedergeburt (Häutung), Verbindung zum Heilwissen, Fähigkeit zum Heilen, Selbsterkenntnis, Entwicklung durch Erkenntnis, Altes hinter sich lassen.

Ursache/Wirkung positiv
Verstand, Vernunft, Erkenntnis durch Erfahrung entwickeln, Selbsterkenntnis, Heilung, Heilungsprozess, Verbindungen zum Heilwissen, Fähigkeit zum Heilen, Altes hinter sich lassen, Kraft der Umwandlung/Häutung, die Kundalini erwacht, Wandlungsfähigkeit, Wiedergeburt.

Ursache/Wirkung negativ
Komplikationen, Umwege, Schwierigkeiten, Taktik und Berechnung, Verlockung, Vergeltung, Versuchung, unerwartete Angriffe, Bewusstwerdung von Abhängigkeiten, sich gefangen fühlen in den Verstrickungen des Lebens.

Karma
Heilprozess/die Kundalini erwacht/Erkenntnis durch Erfahrung entwickeln/Wandlungsfähigkeit beweisen.

Karte 8 Sarg – Karma vergangener Leben

allgemeine Deutung: Ende einer Phase, Krise, Krankheit, Abschied, Stagnation, Sterbe- und Werdeprozess, Transformation, Trauerarbeit, Trennung, Loslassen, Erkenntnis und Lernprozess, einen neuen Blickwinkel einnehmen, einen neuen Standpunkt vertreten.

energetische Deutung: Zu wenig Energie, Krankheit, sich schlapp und lustlos fühlen, wenig motiviert sein, leidend, depressiv, Ende eines Zyklus, tiefe und intensive Erfahrungen erleben.

spirituelle Deutung: Wie Phönix aus der Asche steigen, Transformation, sich Flügel wachsen lassen, Beginn einer Wandlungsphase.

Ursache/Wirkung positiv
Wiedergeburt/Reinkarnation, frühere Leben spielen eine Rolle im heutigen Leben, Transformation, Loslassen, Lernprozess, Erkenntnis, Neuorientierung, Ende einer Phase, etwas beenden, was einem nicht gut tut, Wiedergeburt, alte Sichtweisen/Karma beenden, Verantwortung für sein Leben übernehmen, Loslösung von früheren Leben.

Ursache/Wirkung negativ
Krankheit, Krise, Abschied, Stagnation, Sterbe- und Werdeprozess, Trauer, Trauerarbeit, Trennung, Lustlosigkeit, schlechtes Karma, etwas geht zu Ende, Krankheit als (Lern)Weg.

Karma
etwas geht zu Ende/Lektion gelernt/Wiedergeburt und Reinkarnation/frühere Leben spielen eine Rolle im heutigen Leben/Krankheit als (Lern)Weg zu Entwicklung/Transformation.

Karte 9 Blumenstrauß

allgemeine Deutung: Kreativität, Erfüllung, Entfaltung, Freude, Schönheit, Talent, positive Entwicklung, Unbeschwertheit, Phantasie, Lebendigkeit, sein Potenzial entfalten.

energetische Deutung: Positive Ausstrahlung, Lebendigkeit – die ansteckt, friedvolle Phase, Freude und Lebenslust ausstrahlend, im Gleichgewicht sein, der Lebenskünstler.

spirituelle Deutung: Medialität, Heilerin, Lichtarbeiter, Kunst, Heilkraft, Fülle, Achtsamkeit.

Ursache/Wirkung positiv
Kreativität, sein schöpferisches Potenzial entdecken, Gaben, Erfüllung, Entfaltung, Freude, Schönheit, Talente, positive Entwicklung, Unbeschwertheit, Phantasie, Lebendigkeit, Begegnungen verbundener Seelen, Seelenerfahrung mit Tiefgang.

Ursache/Wirkung negativ
Übertreibung, zu sehr nach außen orientiert sein, zu extrem, anmaßend und aufdringlich sein, gespielte Freundlichkeit und Vortäuschung von Interesse, die Schönheit und Vielfalt um sich herum nicht wahrnehmen, blind sein gegenüber eigenem vorhandenen Potenzial, nur an der Oberfläche kratzen.

Karma
sein schöpferisches Potenzial entdecken/Kreativität entwickeln/Gaben und Talente/Talente in der Gegenwart durch Ausübung von Künsten in vergangenen Leben.

Karte 10 Sense – Prinzip von Ursache und Wirkung

allgemeine Deutung: Verletzung, Gefahr, plötzliche Wende, schmerzvoller Einschnitt, Konsequenzen, Prinzip von Ursache und Wirkung, Ernte, Vorsicht, Schlussstrich, Belastung, Warnung, Belohnung, Verdienst.

energetische Deutung: Schlechte Energie, Trauma, Verletzlichkeit, Schicksalsschlag, Aggression, Angriff, Wut, Tiefschlag, Geistesblitz, Energieräuber.

spirituelle Deutung: Lebenskorrektur, karmische Lektion, wunder Punkt, Karma, destruktive Kräfte, Schwarzmagie, Abkehren von alten Überzeugungen.

Ursache/Wirkung positiv
Ernte einfahren, plötzliche Wende, Belohnung, Verdienst, Konsequenzen, Fokus auf...., Konzentration, Umbruch, der richtige Zeitpunkt für Entscheidungen und Handlungen, Innehalten und Optionen klären, Angst vor Konflikten überwinden, aus auferlegten Regeln ausbrechen.

Ursache/Wirkung negativ
Lebenseinschnitt, der karmisch bedingt ist, man hat Schuld auf sich geladen in vergangenen Leben, altes Karma, Veränderungen, die erzwungen werden, Reifeprüfung, Verletzung, Überempfindlichkeit, schnell gereizt sein, Gefahr, schmerzvoller Einschnitt, Schlussstrich, Belastung, Warnung, zu vorsichtig sein, Ende mit Schrecken, Schrecken ohne Ende.

Karma
Verletzungen/Schicksalsschläge/Umbruch/Lebenseinschnitt, der karmisch bedingt ist/Innehalten und Optionen klären/Reifeprüfung/Veränderungen, die erzwungen werden.

Karte 11 Ruten

allgemeine Deutung: Diskussionen, Streit, Zerwürfnis, Vorwurf, Zerrissenheit, Zweifel, Meinungsverschiedenheiten, Konflikte, Denkweise, Überzeugungen, Selbstbestrafung, Glaubenssätze, Bewertung.

energetische Deutung: Angriff und Verteidigung, Widerstand erzeugen, schlichten und jemandem entgegenkommen, Schutz vor negativen Energien.

spirituelle Deutung: Objektivität, Überzeugungen anschauen und gegebenenfalls verändern, einen gemeinsamen Konsens erarbeiten, Inflexibilität aufgeben, Kompromisse finden, Gegensätze anerkennen, Glaubenssätze erkennen und korrigieren.

Ursache/Wirkung positiv
Denkweise, Überzeugungen, Glaubenssätze, Überwindung von alten Strukturen und überholten Überzeugungen, Diskussionen, Kommunikation, Ordnung schaffen, sich informieren, Rat annehmen, Gespräche führen, Dialog mit deiner Seele beginnen, innere Neuausrichtung, um Rat ersuchen, das Für und Wider abwägen, Egobewältigung durch Auflösung von negativen Glaubenssätzen.

Ursache/Wirkung negativ
Streit, Zerwürfnis, Vorwurf, Zerrissenheit, Zweifel, Konflikte, Pessimismus, Bewertung, Selbstbestrafung, Konkurrenzdenken, Ego steuert einen, vorschnelles Handeln.

Karma
Dialog mit deiner Seele beginnen/innere Neuausrichtung/um Rat ersuchen/das Für und Wider abwägen/Egobewältigung durch Auflösung von negativen Glaubenssätzen.

Karte 12 Eulen/Vögel

allgemeine Deutung: Aufregung, Hektik, Nervosität, Sorgen, Verzweiflung, der blinde Fleck, Unberechenbarkeit, aber auch Weisheit, Selbstbestimmung, Individualität, Selbstentfaltung, Befreiung, Magie.

energetische Deutung: Starke Schwingungen, den Mut aufbringen etwas zu verändern, eine eindeutige Haltung einnehmen, klare Imagination und Gedankenkraft.

spirituelle Deutung: Spirituelle Entwicklungsmöglichkeiten in jede Richtung, Magie, Telepathie, Gewohntes infrage stellen, nach seinen wahren Überzeugungen leben, ausgeprägte Intuition.

Ursache/Wirkung positiv
Zweisamkeit, Kommunikation, positive Aufregung, Selbstbestimmung, innere Weisheit entwickeln, Individualität, Selbstentfaltung, tiefe Einsichten, hinter die Kulissen schauen und sich eine eigene Meinung bilden, Magie, seine eigene Meinung vertreten, Befreiung, Selbstsabotage beenden, sich der Macht des Unterbewusstseins bewusst sein, Traumata auflösen, Unabhängigkeit.

Ursache/Wirkung negativ
Stress, Nervosität, Hektik, blinder Fleck, sich seinen negativen Gedanken stellen.

Karma
Innere Weisheit entwickeln/Verstand und Gefühl in Einklang bringen müssen/Traumata heilen/selbstbewusst seine eigene Meinung vertreten/Selbstsabotage beenden.

Karte 13 Kind

allgemeine Deutung: Neuanfang, Entwicklungsprozess, Gutgläubigkeit, Lebendigkeit und Leichtigkeit, Spontanität, Neugier, Kindheit, Schritt für Schritt voran, Talent, Naivität, Unerfahrenheit, Sorglosigkeit.

energetische Deutung: Gelassenheit, Hingabe, Auftrieb, experimentieren, spielerisch und unbekümmert, voller Schwung und Elan.

spirituelle Deutung: Heilung des Inneren Kindes, Initiation, Einweihung, Aufmerksamkeit im Hier und Jetzt.

Ursache/Wirkung positiv
Neuanfang, Schritt für Schritt vorankommen, Kindheit, Inneres Kind, das wahrgenommen werden möchte, sich seiner Einzigartigkeit bewusst sein, Entwicklungsprozess, das Kind in dir entdecken, Spontanität, Neugier, Offenheit, Natürlichkeit.

Ursache/Wirkung negativ
Naivität, Gutgläubigkeit, Unerfahrenheit, Sorglosigkeit, Unbekümmertheit.

Karma
Inneres Kind, das wahrgenommen werden möchte/Überwindung von alten Strukturen und überholten Überzeugungen/neue Chancen auf seinem Lebensweg nutzen/das Kind in dir entdecken.

Karte 14 Fuchs

allgemeine Deutung: Lüge, Täuschung, Heuchelei, Verrat, Betrug, Hinterlist, Fehleinschätzung, etwas läuft falsch, Verdrängung, Fehler, Illusion, Misstrauen aber auch Scharfsinn, Raffinesse, Schläue, Instinkte, Spürsinn, Authentizität, der Fuchs zeigt uns, was nicht auf Wahrheit beruht.

energetische Deutung: Energieräuber, man manipuliert den anderen, die spirituelle Verbindung zu sich selbst ist gestört.

spirituelle Deutung: Desillusionierung, Reifeprüfung, karmische Prüfung, Bauernschläue, Verbindung zu den Ahnen, auf seinem Seelenpfad sein.

Ursache/Wirkung positiv
Scharfsinn, Raffinesse, Schläue, Instinkte, Spürsinn, Authentizität, zeigt uns, was nicht echt ist, Ehrlichkeit entwickeln, intelligentes Handeln, Krafttier um Hilfe bitten, zu sich selbst stehen, ohne Kompromisse nach seinen eigenen Regeln leben, zum richtigen Zeitpunkt handeln können, auf die richtige Gelegenheit warten können, ein Gespür für Falschheit und Lüge haben.

Ursache/Wirkung negativ
Lüge, Täuschung, Heuchelei, Verrat, Betrug, Hinterlist, Verfolgung erlebt haben, Fehler, Fehleinschätzung, etwas läuft falsch, Verdrängung, Illusion, sich und/oder anderen etwas vormachen, Misstrauen.

Karma
Ehrlichkeit entwickeln/intelligentes Handeln/Krafttier um Hilfe bitten/zu sich selbst stehen und authentisch leben/ohne Kompromisse nach seinen eigenen Regeln leben/Verfolgung erlebt haben.

Karte 15 Bär – Ahnenreihe

allgemeine Deutung: Kraft, Stärke, Wohlstand, Diplomatie, Regeneration, Sicherheit, Schutz, unsere Ahnen, innere Ruhe, Rückzug, Geduld, Durchhaltevermögen, Beständigkeit, Beharrlichkeit, Führungsqualitäten, aber auch Selbstüberschätzung, Sturheit, Wut und Zorn, an Vergangenem haften.

energetische Deutung: Starke Energie, die Macht und Autorität vermittelt, Schutz, Stärke, Sicherheit, kraftvolle und unbändige Lebenskraft.

spirituelle Deutung: Spiritueller Lehrer sein, Schamane, Kontakt zu Geistführern und Krafttieren, innerer Heiler, Heilungsprozesse, Naturverbundenheit, Heiler.

Ursache/Wirkung positiv
Die Ahnenlinie heilen, Ahnenkraft, Erfahrungen aus vergangenen Leben nutzen, innere Kraft entwickeln, Kraft, Stärke, für seine Rechte einstehen, unbewusste Erinnerungen aus der Vergangenheit, Wohlstand, Diplomatie, Regeneration, Erfolg, Sicherheit, Schutz, innere Ruhe, Durchhaltevermögen, Beständigkeit, Beharrlichkeit, Geduld, Führungsqualitäten.

Ursache/Wirkung negativ
Selbstüberschätzung, Abgrenzung, Rückzug, Sturheit, Wut, Zorn, an Vergangenem haften, in der Vergangenheit leben, Unberechenbarkeit, Ahnenlast vergangener Generationen.

Karma
Ahnenreihe/vergangene Leben/die Ahnenlinien heilen/Erfahrungen aus vergangenen Leben nutzen/innere Kraft entwickeln/für seine Rechte kämpfen/unbewusste Erinnerungen aus der Vergangenheit/in der Vergangenheit leben.

Karte 16 Sterne

allgemeine Deutung: Spiritualität, Glaube, Klarheit, Glückskarte, Erfolg, Erfüllung, Glückseligkeit, Ideale, Fülle, höhere Ebene, Träume, Licht am Ende des Tunnels, Wissenschaft, Intelligenz, tiefe Einsichten in größere Zusammenhänge.

energetische Deutung: Leuchtende Kraft, Verbesserung der Situation, höhere Ebene des Bewusstseins.

spirituelle Deutung: den Horizont erweitern, Vertrauen in die Zukunft, Eingebungen, Hellsicht, Telepathie, Medialität, spirituelles Vorbild, Visionen.

Ursache/Wirkung positiv
Spiritualität, Inspiration und Eingebungen, sich mit dem Göttlichen verbunden fühlen, seinem Seelenstern folgen, Verbindung von Körper-Geist-Seele bringt Erfüllung und Klarheit, Traumreisen, Erweiterung des Bewusstseins, Eingebungen, Hellsichtigkeit, Inspiration, Ideale, höhere Ebene, tiefe Einsichten in größere Zusammenhänge, Fülle, Glückseligkeit, Intelligenz, Wissenschaft, kosmische Verbindung. Licht am Ende des Tunnels.

Ursache/Wirkung negativ
zu hohe Erwartungen, man kommt nicht an die Idealvorstellung heran, zu sehr im Wunschdenken, Luftschlösser bauen, den Fokus verlieren, Träume/Wünsche erfüllen sich nicht, Verklärtheit.

Karma
Inspiration und Eingebungen/Traumreisen/Erweiterung des Bewusstseins/sich mit dem Göttlichen verbunden fühlen/seinem Seelenstern folgen/Verbindung von Körper-Geist-Seele bringt Erfüllung und Klarheit/Hoffnung, die einen trägt.

Karte 17 Störche

allgemeine Deutung: Veränderung, Flexibilität, Anpassung, Aufbruch, Entwicklung, Wandel, neue Lebensphase, positive Weiterentwicklung, Umzug, neue Begebenheiten, Reise, die Perspektive wechseln.

energetische Deutung: Impulse für Neues, Geburt und Wachstum, Beweglichkeit und Fortschritt, impulsiv sein, Unbeständigkeit.

spirituelle Deutung: Soziales Miteinander leben, einer Gemeinschaft angehören, ein Gefühl der Verbundenheit haben, Abwechslung und Vielfalt.

Ursache/Wirkung positiv
Initiation, Einweihung, göttliche Inspiration, Wiedergeburt, Vertrauen in göttliche Fügungen und Führung, positive Veränderung, Flexibilität, Anpassung, Aufbruch, Geburt, Impulse, Entwicklung, Wandel, neue Lebensphase, Umzug, neue Begebenheiten/Voraussetzungen, positive Weiterentwicklung, der zündende Moment, schöpferischer Akt, Fruchtbarkeit, auf dem Entwicklungsweg fruchtbare Impulse bekommen.

Ursache/Wirkung negativ
Sprunghaftigkeit, unbeständig sein, ständig seine Meinung ändern, Fähnchen im Winde, sich unflexibel zeigen, viel Abwechslung wollen, nicht in die Tiefe gehen.

Karma
Initiation/Einweihung/göttliche Inspiration/Wiedergeburt/Vertrauen in göttliche Fügungen und Führung/auf dem Entwicklungsweg fruchtbare Impulse setzen.

Karte 18 Hund

allgemeine Deutung: Vertrauen, Loyalität, Hilfsbereitschaft, Unterstützung, Treue, Freundschaft, Verlässlichkeit, Dauerhaftigkeit, Aufrichtigkeit, sich selber treu sein, guter Spürsinn.

energetische Deutung: Verbundenheit, soziale Bindungen pflegen, sich mit Gleichgesinnten umgeben, empathisch sein und feine Antennen für die Bedürfnisse anderer haben.

spirituelle Deutung: Durch Innenschau die Kräfte des Unbewussten entdecken und zum Ausdruck bringen, seinen medialen Fähigkeiten Aufmerksamkeit und Entfaltungsmöglichkeiten bieten, Gemeinschaftssinn leben.

Ursache/Wirkung positiv – Seelenfreundschaft, die vor der Inkarnation schon bestanden hat
Vertrauen in die Zukunft hegen, Loyalität, Hilfsbereitschaft, Unterstützung, Treue, Selbstlosigkeit, Freundschaft, Verlässlichkeit, Dauerhaftigkeit, Aufrichtigkeit, sich selbst treu sein, Hilfe durch Krafttiere, Verbundenheit mit der Tierwelt.

Ursache/Wirkung negativ
Helfersyndrom, zu vertrauensselig sein, übergriffig sein, untreu, nur das eigene Wohl im Sinn haben, andere an sich binden wollen.

Karma
Seelenfreundschaft, die vor der Inkarnation schon bestanden hat/Unterstützung ist schicksalhaft und bringt Glück und Aufklärung/sich selbst treu sein/Gemeinschaftssinn entwickeln/Hilfe durch Krafttiere/Vertrauen in die Zukunft hegen/Verbundenheit mit der Tierwelt.

Karte 19 Turm

allgemeine Deutung: Eigenständigkeit, Selbstständigkeit, Rückzug, Isolation, Einsamkeit, Grenzen setzen, Behörde, Institution, Distanz, Auszeit, Krise, Selbstreflektion, Zwangspause, Innenschau, Weitblick.

energetische Deutung: Introvertiertheit, niemanden an sich heran lassen, Unnahbarkeit, Abweisung anderer.

spirituelle Deutung: Krise, erzwungene Einschränkungen, Rückbesinnung auf sich selbst. Zwangspause für die innere Sammlung und Neuorientierung, Grenzerfahrung – an Grenzen stoßen und sie überwinden, alte Glaubenssätze aufgeben.

Ursache/Wirkung positiv
Eigenständigkeit, Selbstständigkeit, Behörde, Grenzen setzen, Auszeit, Selbstreflexion und dadurch resultierende Neuorientierung, sich nach innen wenden, Neuausrichtung, Mut zum Risiko, für sich den richtigen Weg finden, Mut zur Veränderung, sein inneres Licht finden, Kontemplation, seine Berufung leben.

Ursache/Wirkung negativ
Rückzug, Isolation, Einsamkeit, Krise, Distanz, Zwangspause, Egoismus, Egozentrik, Abgrenzung, Unnahbarkeit.

Karma
Selbstreflexion und daraus resultierende Neuorientierung/durch Rückzug sein inneres Licht finden/Kontemplation/seine Berufung leben/hinter die Kulissen schauen.

Karte 20 Park

allgemeine Deutung: Öffentlichkeit, Umfeld, Auftreten, Image, Netzwerk, Fassade, Maske tragen, Selbstverantwortung, Begegnungen, Offenheit, Extrovertiertheit, Unternehmungslust, sich zeigen, wie man wirklich ist.

energetische Deutung: Die Verbundenheit des Menschen zur Natur, nicht gut allein sein können, gerne im Mittelpunkt stehen.

spirituelle Deutung: Seine Aufgabe und seinen Platz im Leben finden, authentisch werden und sein, Masken ablegen, die Seele baumeln lassen und regenerieren, Gelassenheit entwickeln.

Ursache/Wirkung positiv
Öffentlichkeit, Umfeld, das man gewählt hat, um zu lernen, soziales Netzwerk, Offenheit, Begegnungen, Veranstaltungen, Projekte, gesellschaftliche Anlässe, Kundschaft, Unternehmungslust, Selbstverantwortung, etwas bewirken, gesehen/wahrgenommen werden, Rücksichtnahme auf sein Umfeld, naturverbundenes Leben lieben, grüner Daumen und der Wunsch, ein Selbstversorger zu sein.

Ursache/Wirkung negativ
Auftreten, Image, Fassade, Masken tragen, im Mittelpunkt stehen wollen, jemanden dar-stellen wollen, aber nicht jemand sein, Prestigepflege, auf die Meinung anderer viel Wert legen, Voraussetzungen, die einen einschränken, nach außen gerichtete Aufmerksamkeit, verbergen, wie man wirklich ist.

Karma
Umfeld, das man gewählt hat um zu lernen/Voraussetzungen, die helfen oder einen behindern/nach außen gerichtete Aufmerksamkeit/Rücksichtnahme auf sein Umfeld/naturverbundenes Leben lieben/grüner Daumen und der Wunsch, ein Selbstversorger zu sein.

Karte 21 Berg

allgemeine Deutung: Blockaden, Herausforderungen, Beharrlichkeit, Durchhaltevermögen, Probleme, Anstrengung, Krafteinsatz, Willenskraft, Aufgaben, Hindernis, Hürde, Durststrecke, Ausdauer, eigene Grenzen überwinden.

energetische Deutung: Unsichtbare Widerstände, energetischer Schutz, der nötige Biss, Baustellen des Lebens.

spirituelle Deutung: Den inneren Schweinehund überwinden, Gipfelerlebnisse, nicht aufgeben und Rückgrat zeigen, sich selber sabotieren und im Wege stehen, Frustphasen überwinden und über sich hinauswachsen, sich einen Überblick verschaffen.

Ursache/Wirkung positiv
Beharrlichkeit, Durchhaltevermögen, Willenskraft, an seine Grenzen stoßen und sie überwinden, Aufgaben, Ausdauer, der nötige Biss, den inneren Schweinehund überwinden, Überwindung von Selbstzweifeln, an seinen Aufgaben wachsen, Gipfelerlebnisse, Rückgrat zeigen, über sich hinauswachsen, sich einen Überblick verschaffen, sich für grenzenlose Möglichkeiten öffnen.

Ursache/Wirkung negativ
Blockaden, Herausforderungen, Probleme, Anstrengung, Krafteinsatz, Hindernis, Baustellen des Lebens, sich selbst im Weg stehen, Frustphase, aufgeben, Durststrecke.

Karma
an seine Grenzen stoßen und sie überwinden/ über sich hinauswachsen/ an seinen Aufgaben wachsen/ Angst vor Konflikten überwinden/ aus auferlegten Regeln ausbrechen/ Schuld auf sich geladen in vergangenen Leben, altes Karma.

Karte 22 Wege

allgemeine Deutung: Entscheidungen, Möglichkeiten, Alternativen, Konsequenzen, Wendepunkt, Wahl, Orientierung, einen eigenen Weg finden, Vielseitigkeit, Urteilsvermögen, zweigleisig fahren, Entschlossenheit, den Anstoß geben, Drückeberger, Wankelmut.

energetische Deutung: Neue Ausrichtung, eine Gratwanderung, Orientierung finden, Perspektivenwechsel, karmischer Lebensplan.

spirituelle Deutung: Der inneren Führung vertrauen, der Weg ist das Ziel, jede Entscheidung birgt die Chance, zu lernen und sich zu entwickeln, sich nicht zu entscheiden ist auch eine Entscheidung mit Konsequenzen.

Ursache/Wirkung positiv
Möglichkeiten, Alternativen, Wendepunkt, Wahl, Orientierung, neue Projekte, einen Weg finden, Vielseitigkeit, Urteilsvermögen, Selbstvertrauen entwickeln, kreative Lösungen, Entschlossenheit, neue Ausrichtung, Perspektivenwechsel, seiner inneren Führung vertrauen, dem Leben vertrauen, sich für grenzenlose Möglichkeiten öffnen.

Ursache/Wirkung negativ
Entscheidungen drängen sich auf – müssen getroffen werden, Konsequenzen, zweigleisig fahren, Drückeberger, Wankelmut, Unentschlossenheit, Gratwanderung

Karma
Selbstvertrauen entwickeln/seiner inneren Führung vertrauen/dem Leben vertrauen/seine unbegrenzten Möglichkeiten entdecken/erkennen, dass man sich nur selbst im Weg steht/sich für grenzenlose Möglichkeiten öffnen/„alles ist möglich, dem der da glaubt."

Karte 23 Mäuse – mieses Karma

allgemeine Deutung: Angst, Verzweiflung, Kummer, Verlust, Verzicht, Müll, Pessimismus, Scheitern, Unzufriedenheit, Entbehrungen, Grübeleien, Sorgen, Engpässe, Mangel, Demut, Passivität.

energetische Deutung: Mangel, schlechte Energie, Existenzängste, Geiz, Zusammenbruch, Schüchternheit.

spirituelle Deutung: Kein oder wenig Selbstwert, Demut, Entbehrungen, sich in Bescheidenheit üben, wieder in die Einfachheit des Lebens finden, Selbstbetrug beenden.

Ursache/Wirkung positiv
sich in Bescheidenheit üben, Demut, Minimalismus, wieder in die Einfachheit finden, Selbstbetrug beenden, sich von Ballast/Müll befreien, sparen, Negatives in Positives wandeln, ökologisch verträglich handeln, Achtsamkeit auf Hab und Gut, Fremdenergien auflösen, Verbindung zum Göttlichen kultivieren, inneres Gleichgewicht herstellen.

Ursache/Wirkung negativ
Angst, Kummer, Verzweiflung, Verlust, Verzicht, Müll, Pessimismus, Scheitern, Unzufriedenheit, Entbehrungen, Grübelei, Sorgen, Engpass, Mangel, Geiz, etwas nagt an einem, Existenzangst, Zusammenbruch, Kapitulation und die Öffnung für Lösungen aus göttlicher Quelle.

Karma
Ängste und Zweifel überwinden lernen/aus Kummer die rechte Orientierung verlieren/seine Schwingungen erhöhen müssen/Sorgen und Kummer an die Höhere Macht abgeben/Kapitulation und die Öffnung für Lösungen aus göttlicher Quelle.

Karte 24 Herz

allgemeine Deutung: Liebe, Nächstenliebe, Mitgefühl, Einfühlungsvermögen, Emotionen, Güte, Quelle des Lebens, Freundlichkeit, Hilfsbereitschaft, Selbstliebe, Empathie, Vergebung, Dankbarkeit, man sieht nur mit dem Herzen gut, das Herz auf dem rechten Fleck haben.

energetische Deutung: Positive Schwingungen, Herzöffnung – sein Herzfeld aktivieren, das Herzchakra öffnen, göttliche Liebe spüren, eine magische Anziehungskraft haben.

spirituelle Deutung: Mit dem Herzen sehen (Der kleine Prinz), sich um Herzensangelegenheiten bemühen, All-eins-sein, Seelenverbindungen pflegen, durch Aktivierung seiner Herzensenergie einen spirituellen Weg gehen, seine Spiritualität wirklich leben, das heißt, zu sich selbst finden und durch Selbstliebe Frieden in sich schaffen, sein Leben aus dem Herzen heraus leben.

Ursache/Wirkung positiv

Liebe, Nächstenliebe, Mitgefühl, Einfühlungsvermögen, Gefühle/Emotionen, Herzöffnung, seinem Herzen folgen, den Herzensweg gehen, Güte, Quelle des Lebens, Freundlichkeit, Selbstliebe, Empathie, Vergebung, Dankbarkeit, Achtsamkeit, Fürsorge, Geborgenheit, Heilenergie/Herzensenergie, Wärme.

Ursache/Wirkung negativ

Eifersucht, Selbstsucht, Geiz, Hass, Missgunst, selbstverliebt sein, jemanden kontrollieren wollen, Gefühlskälte, Mördergrube, kein Herz.

Karma

Herzöffnung/seinem Herzen folgen/Nächstenliebe und Mitgefühl kultivieren/Selbstliebe leben/sein Leben aus sich selbst heraus als erfüllt empfinden/das Ziel hier auf Erden erreicht haben – die Vollendung, den Herzensweg gehen.

Karte 25 Ring – Beziehungskarma

allgemeine Deutung: Beziehungen aller Art, Partnerschaft, Verbindungen, Verbundenheit, Verbindlichkeiten, Routine, Wiederholungen, Zusammengehörigkeit, Verpflichtung, Versprechen halten, Abmachungen, Verträge.

energetische Deutung: Abschluss eines Zyklus, Versprechen, Schwur, Eid, etwas besiegeln, Bindungsfähigkeit, aber auch: etwas ist chronisch, festgefahren.

spirituelle Deutung: Immer wiederkehrende Muster, Rituale, karmisches Band, heilige Versprechen, geschlossener Kreis ohne Anfang und Ende symbolisiert die Ewigkeit und Dauerhaftigkeit, aber auch: Hamsterrad und immer wiederkehrende Lernaufgabe, bis sie verinnerlicht ist.

Ursache/Wirkung positiv
Seelenverbindungen, Beziehungen aller Art, Partnerschaft, Gemeinschaft leben, Nähe und Verbundenheit durch gesunde Verbindungen mit einer geliebten Seele, Verbindungen, Verbundenheit, Verbindlichkeiten, Zusammengehörigkeit, gemeinsame Aufgaben, Verpflichtungen, Abschluss eines Zyklus, Versprechen, Vertrag, etwas besiegeln, Routine.

Ursache/Wirkung negativ
Wiederholungen, etwas ist chronisch, festgefahren, immer wiederkehrende Muster, Hamsterrad, immer wiederkehrende Lernaufgabe, bis sie verinnerlicht ist, unzuverlässig sein, keine Absprachen einhalten können, Hamsterrad.

Karma
Gemeinschaft leben und die Verpflichtungen, die damit einhergehen/Seelenverbindungen/Nähe und Verbundenheit durch gesunde Verbindungen in alten Leben mit einer geliebten Seele/Beziehungen, aus denen man etwas lernt.

Karte 26 Buch

allgemeine Deutung: Wissen, Weisheit, Erkenntnis, Lebenserfahrung, Lehren, Lernprozess, Studium, Geheimnis, etwas Verborgenes, Unbekanntes, Unbewusstes, Verschlossenes, das Unterbewusstsein, inneres Wissen, über den Tellerrand schauen.

energetische Deutung: Etwas, was nicht offen sichtbar ist, Geheimnisse, Verborgenes, inneres Wissen, das Unterbewusstsein.

spirituelle Deutung: Akasha-Chronik, Geheimwissenschaften, Weisheit, Einweihungen, Orakelarbeit, altes Wissen, das gehütet wird, die hermetischen Gesetze, Überlieferungen vom Meister zum Schüler, spirituelle Lehren und Gesetze, Palmblattbibliothek.

Ursache/Wirkung positiv
Erinnerungen an vergangene Leben, Wissen, Weisheit, Erkenntnis, Lebenserfahrung, Lehren, Lernprozess, Studium, inneres Wissen, Unterbewusstsein, Akasha-Chronik, Buch des Lebens, Geheimwissenschaften, Suche nach neuem und altem Wissen, innere Wahrheit entdecken, Kraft des Unterbewusstseins, Erfahrungen austauschen.

Ursache/Wirkung negativ
Geheimnisse, Verborgenes, Unbekanntes, Verschlossenes, Ungereimtheiten, etwas, was nicht offen sichtlich ist, Heimlichkeiten, hinterm Rücken agieren, Widersprüche, verborgene Informationen.

Karma
Akasha-Chronik/verborgene Informationen/Lernprozesse, die notwendig sind, um zu wachsen/auf sein inneres Wissen vertrauen/Buch des Lebens/innere Wahrheit entdecken/Kraft des Unterbewusstseins/Erinnerungen an vergangene Leben/Erfahrungen austauschen.

Karte 27 Brief

allgemeine Deutung: Kommunikation, Kontakt, Botschaft, Information, Unterhaltung, Schriftstücke, Benachrichtigung, Nachrichten, Dokumente, Korrespondenz, Oberflächlichkeit, Diagnose, Befund, Neuigkeiten, Kontaktaufnahme.

energetische Deutung: Unbeständiger und oberflächlicher Kontakt, Unverbindlichkeit, schnell und flüchtig.

spirituelle Deutung: Kartenlegen, Kontakt zur Anderswelt, Botschaften der Engel und Geistreicher, Schreibmedium, spirituelle Schriften, Sender und Empfänger der Anderswelt.

Ursache/Wirkung positiv

Kommunikation, Kommunikation mit den Engeln/Krafttieren/Geistführern, Kontakt, Details aus vergangenen Leben, Schwüre aus vergangenen Inkarnationen wie Liebesschwur, Enthaltsamkeits- und Armutsschwur, Botschaft, Information, Unterhaltung, Schriftstücke, Nachrichten, Dokumente, Korrespondenz, Diagnose, Befund, Fakten, Tatsachen, Wahrheit.

Ursache/Wirkung negativ

Oberflächlichkeit, unbeständiger Kontakt, Unverbindlichkeit, Kontaktscheue, Stummheit, kurzweilig, nichts Konkretes, sich nicht festlegen wollen, eine Hintertür offen halten.

Karma

Kommunikation mit den Engeln, Krafttieren oder Geistführern/soziales Netzwerk ausbauen/Details aus vergangenen Leben bringen einen weiter/Schwüre aus vergangenen Inkarnationen, die einen im Hier und Jetzt noch beeinflussen. (Liebesschwur, Enthaltsamkeit- und Armutsschwur etc.)

Karte 28 Herr

allgemeine Deutung: Karte für den Fragesteller/die Fragestellerin, Hauptperson, Partner, Ehemann, das männliche Prinzip, Aktivität, Disziplin, Führung, Machtbewusstsein.

energetische Deutung: Handeln, aktiv sein, kämpferisch, stolz, produktiv, ehrgeizig, vernunftbezogen, sozial, willensstark, autoritär, mutig, dominant.

spirituelle Deutung: Ordnung und Stabilität schaffen, Verantwortung übernehmen, klare Strukturen setzen, Realismus, Streben nach Unabhängigkeit, der Versorger, der Beschützer.

Ursache/Wirkung positiv
aktiv sein, handeln, HP, Partner, Ehemann, dominieren, das Heft in der Hand haben, im Hier und Jetzt sein, innere männliche Kraft, männliche Eigenschaften, Beschützer und Ernährer.

Ursache/Wirkung negativ
negative Person, herrisch, aggressiv, will anderen etwas vorscheiben, will alles bestimmen, beherrschen, alle sollen auf sein Kommando hören und sich nicht widersetzen, verlangt Gehorsam.

Karma
Im Hier und Jetzt sein
weibliche Kraft entwickeln, weibliche Eigenschaften kultivieren
männliche Kraft leben, männliche Eigenschaften

Karte 29 Dame

allgemeine Deutung: Karte für die den Fragesteller/die Fragestellerin, Hauptperson, Partnerin, Ehefrau, das weibliche Prinzip, Hingabe, Empfangen, Passivität.

energetische Deutung: Sinnlichkeit und Entspannung, nährend, schützend, vermittelnd, empfänglich, passiv, abwartend, fürsorglich, feminin.

spirituelle Deutung: Selbstverwirklichung und Selbstbestimmung, Mitgefühl, Fruchtbarkeit, sich selbst in den Vordergrund stellen, Hingabe, Emanzipation.

Ursache/Wirkung positiv
Empfangen, positiv sein, HP, Partnerin, Ehefrau, im Hier und Jetzt sein, abwarten und annehmen können, innere weibliche Kraft, nährend, fürsorglich und liebend.

Ursache/Wirkung negativ
Negative Person, passiv aggressiv, zieht sich beleidigt zurück, wenn sie ihren Willen nicht bekommt, macht anderen ein schlechtes Gewissen, will andere kontrollieren, kann andere nicht loslassen und respektieren.

Karma
Im Hier und Jetzt sein
weibliche Kraft leben, weibliche Eigenschaften
männliche Kraft entwickeln, männliche Eigenschaften kultivieren

Karte 30 Lilien – Familienkarma

allgemeine Deutung: Spiritualität, Harmonie, Lebensfreude, Gleichgewicht, Familie, Dankbarkeit, Genuss, Schönheit, Körperlichkeit, Sinnlichkeit, Ausgleich, Achtsamkeit, Sexualität, Leidenschaft, Hingabe, Engagement.

energetische Deutung: Hingabe, Frieden, innere Mitte, Energie, Freude, Vitalität, Leidenschaft, Selbstannahme.

spirituelle Deutung: Sich der Spiritualität widmen, Gebet und Meditation, den Energiehaushalt positiv beeinflussen, Frieden in sich finden, liebevolle Annahme seiner selbst, Reinheit und Unschuld, gelebte Selbstliebe.

Ursache/Wirkung positiv
Harmonie, Gleichgewicht, Dankbarkeit, Genuss, Sinnlichkeit, Ausgleich, Sexualität, Frieden in sich selbst finden, innere Mitte, Ruhe und Gelassenheit, mit dem Leben fließen, in Einklang mit sich selbst sein, Hellfühlen, Familie, Familiensinn.

Ursache/Wirkung negativ
harmoniesüchtig sein, keinen Ausgleich haben, inneres Ungleichgewicht, Unfrieden, Sexsüchtig sein, innere Kämpfe, in Unfrieden mit sich selbst und seiner Umwelt sein.

Karma
Ruhe und Gelassenheit/mit dem Leben fließen/in Einklang mit sich selbst sein/Meditation praktizieren/Frieden in sich selbst finden/harmonisches und ausgeglichenes Innenleben prägt das Umfeld.

Karte 31 Sonne – positives Karma

allgemeine Deutung: Lebensenergie, Stärke, Glück, Ausstrahlung, Zuversicht, Heilung, Erfüllung, Wärme, Fülle, Humor, Sensibilität, Souveränität, Selbstbewusstsein, Willenskraft, Optimismus, Wohlstand, Erfolg, Anerkennung, guter Ausgang, Lichtarbeit (z. B. Reiki), alles wird gut!

energetische Deutung: Ausstrahlung, Schwingung, positive Energie, Lichtarbeit, Reiki, Vitalität, Aura.

spirituelle Deutung: Bewusstsein, Selbstbewusstsein, Selbstvertrauen, Persönlichkeitsentwicklung, Lichtwesen, Lebensfreude, „alles ist gut“.

Ursache/Wirkung positiv
Lebensenergie, aus seiner Mitte heraus strahlen, Wärme, Fülle, Souveränität, Optimismus, Wohlstand, Erfolg, Anerkennung, Ausstrahlung, Schwingungen, positive Energie, Selbstbewusstsein, „alles ist gut“, Lebensfreude, Erfüllung, Fähigkeit, mit Energie zu heilen, Lebensbejahung, Ausrichtung zum Göttlichen – zur Quelle allen Seins.

Ursache/Wirkung negativ
Hitzkopf, Burnout Gefahr, zu schnell Feuer und Flamme zu sein, sich die Finger verbrennen, ausgebrannt sein, energielos, Mauerblümchen, keine Ausstrahlung.

Karma
Lebenskraft/aus seiner Mitte heraus strahlen, Ausstrahlung/Lebensfreude/ Ausrichtung und Verbindung zum Göttlichen/Fähigkeit, mit Energie zu heilen/seine spirituellen Fähigkeiten ausleben.

Karte 32 Mond

allgemeine Deutung: Gefühlswelt, Psyche, Emotionen, Sensibilität, Bauchgefühl, Intuition, Medialität, Träume, Feinfühligkeit, Vorstellungskraft, Illusionen, Wünsche, Gemütslage, Empfänglichkeit, Innenleben, Schattenanteile, Vorahnungen, Ängste und Sorgen aus der Kindheit geprägt, Sentimentalität, Erfolg und Anerkennung, Hang zur Melancholie, Depressionen, Schwermut.

energetische Deutung: Anziehungskraft, Sensibilität, Intuition, Einfühlungsvermögen, Labilität, Feingefühl, medial, der 7.Sinn, weibliche Kraft.

spirituelle Deutung: Mediale Fähigkeiten, enorme Visualisierungskraft, Manifestation, Wunscherfüllung, reiches Innenleben, Verbindung zum Unterbewusstsein, Schattenanteile annehmen und transformieren, Vorahnungen, Verbindung zur medialen Welt.

Ursache/Wirkung positiv
Gefühlswelt, Sensibilität, Intuition, Feinfühligkeit, Gemütslage, Empfänglichkeit, Erfolg, Innenleben, sich besinnen, medial sein, der 7. Sinn, Meditation, Romantik, spiritueller Austausch, spirituelle Entwicklung, Sensitivität, Hellfühlen, seinem Bauchgefühl vertrauen, sich von verletzenden Gefühlen befreien, Anerkennung.

Ursache/Wirkung negativ
Illusionen, Schattenanteile, Vorahnungen, Ängste und Sorgen, Sentimentalität, Hang zur Melancholie, Depressionen, Schwermut, Labilität, aufgestaute Gefühle.

Karma
Intuition/seine Schattenanteile annehmen/aufgestaute Gefühle erlösen/Sensitivität entwickeln/Hellfühlen/seinem Bauchgefühl vertrauen/Achtsamkeit kultivieren/Seelenerinnerungen von vergangenen Inkarnationen/Vergebung und sich von negativen und verletzenden Gefühlen befreien.

Karte 33 Schlüssel

allgemeine Deutung: Sicherheit, Gewissheit, Erfolg, Zuversicht, sich für etwas öffnen, Potenzial, Einstellung, Klärung, Stabilität, Lösung, Bestätigung, Kompetenz, Verlässlichkeit, Realität, Ergebnis, Fähigkeit, Bestimmung, Schlüsselerlebnis, man ist selber dafür verantwortlich, wie es weiter geht.

energetische Deutung: Etwas klären, sich öffnen, etwas in Gang bringen, Pragmatismus, Urvertrauen, Vertrauen zu sich selbst und ins Leben.

spirituelle Deutung: Aufrichtigkeit, Schlüsselerlebnis, Verlässlichkeit, Vertrauen schaffen, Bestimmung, Erkenntnis gewinnen, Kompetenz entwickeln, das Richtige tun, sein Potenzial leben.

Ursache/Wirkung positiv
Sicherheit, Gewissheit, Zuversicht, sich für etwas öffnen, neue Ideen, Potenzial, negative Programmierungen aus der Vergangenheit oder vergangener Leben auflösen, innere Sicherheit durch Gottvertrauen entwickeln, Loslassen von falschen Vorstellungen über das Leben und dessen Sinn, Einstellung, Klärung, Lösung, Bestätigung, Kompetenz, Realität, Ergebnis, Fähigkeiten, Bestimmung, Schlüsselerlebnis, Loslassen von altem, sich geistig neu ausrichten, Chancengleichheit, Loslassen und Gott überlassen.

Ursache/Wirkung negativ
Sicherheitsbedürfnis, Hamstern, Risikoscheu, negatives Gedankenkarussell, Pragmatismus, negative Gedanken ausmerzen müssen, kein Vertrauen ins Leben.

Karma
negative Programmierungen aus der Vergangenheit oder vergangenen Leben auflösen/innere Sicherheit durch Gottvertrauen entwickeln/Loslassen von falschen Vorstellungen über das Leben und dessen Sinn/Loslassen und Gott überlassen

Karte 34 Fische

allgemeine Deutung: Geld, Finanzen, Investitionen, Werte, materielle Themen, innerer und äußerer Reichtum, Innenwelt, Sensibilität, Träumerei, Realitätsferne, Verführbarkeit, Sucht, Phantasie.

energetische Deutung: Unbewusste Prozesse, im Fluss sein, süchtig sein, sich binden können, aus dem Bauch heraus entscheiden.

spirituelle Deutung: Seelenleben, den Seelenplan erfüllen, Seelenverbindungen haben, in die Tiefe gehen, seelische Verbundenheit, mit dem Leben fließen.

Ursache/Wirkung positiv
Die Beziehung zum Geld ist von Erfahrungen vergangener Leben geprägt, Finanzen, Investitionen, Werte, Gewinn, Wohlstand, materielle Themen, im Fluss sein, Geldzuwachs, äußerer Reichtum, Innenwelt, innerer Reichtum, Existenzgrundlage, Geld als Ausdruck von Energie begreifen.

Ursache/Wirkung negativ
Unbewusste Prozesse, Sucht, Verführbarkeit, Realitätsferne, Empfindlichkeit, mehr in die Tiefe gehen müssen, nur auf seinen Vorteil bedacht sein, in Extremen wie bitterer Armut oder Reichtum leben oder gelebt haben.

Karma
die Beziehung zum Geld ist von Erfahrungen in vergangenen Leben geprägt/in Extremen wie bitterer Armut oder Reichtum leben oder gelebt haben/Geld als Ausdruck von Energie begreifen.

Karte 35 Anker

allgemeine Deutung: Arbeit, Beruf, Berufung, Beschäftigung, Ausbildung, Halt, Studium, Hobby, Verankerung, Beständigkeit, Überzeugungen, Ziel, Einsatz, Basis, Engagement, Stabilität, Hoffnung, sich an etwas klammern, angekommen sein, sich festlegen, Heimat.

energetische Deutung: An etwas arbeiten, an etwas klammern, etwas loslassen müssen, Unbeweglichkeit, etwas verarbeiten.

spirituelle Deutung: Entwicklungspotenzial in der materiellen Welt, um sein Überleben zu sichern, spirituelle Arbeit leisten, seinen spirituellen Weg gehen, Halt im Leben finden, ein selbstbestimmtes Leben führen.

Ursache/Wirkung positiv

Arbeit, Beruf/Berufung, Beschäftigung, Ausbildung, Studium, Hobby, Einsatz, Verankerung, Engagement, ein Ziel verfolgen, Dinge zum Abschluss bringen, seine Bestimmung/Lebensaufgabe finden, Déjà-vu-Erlebnis, Arbeit für die Gemeinschaft, Stammeszugehörigkeit, Aufarbeitung von vergangenen Leben.

Ursache/Wirkung negativ

haltlos, klammern, Perfektionismus, etwas nicht loslassen wollen, unbeweglich sein, zu wenig Einsatz zeigen, noch nicht genug gelernt haben, verhaftet sein in alten Strukturen.

Karma

verhaftet sein in alten Strukturen/Lebensaufgabe finden/Déjà-vu-Erlebnis/Arbeit für die Gemeinschaft/Stammeszugehörigkeit/Aufarbeitung von vergangenen Leben, um Ängste aufzulösen.

Karte 36 Kreuz – Karmaschlüssel

allgemeine Deutung: Schicksal, Lernaufgabe, Lebensaufgabe, Sinnsuche, Ethik, Moral, Prüfung, Glaube, Bestimmung, Selbsterkenntnis, Karma, Bürde, Wichtigkeit, Fügung, Belastungen, unabwendbare Erfahrungen, Notwendigkeit, Last, Leid.

energetische Deutung: Synchronizität, beten, Glaube, das Unausweichliche, dem man sich stellen muss, sich mit der Schöpfung verbunden fühlen.

spirituelle Deutung: Kosmische Gesetze, Selbsterkenntnis, der Glaube, dass alles im Leben einen Sinn hat, die Herausforderungen des Lebens als Wachstumsmöglichkeiten begreifen, Erlösung.

Ursache/Wirkung positiv
Glaube, Religion/Rückverbindung ans Göttliche, Buddhismus, Wichtigkeit, Notwendigkeit, Erfüllung des göttlichen Plans, positives Karma, der göttlichen Führung vertrauen, es gilt, die Lernaufgabe zu erkennen und die Lektion zu integrieren, Aufgaben bewältigen, Bestimmung, Hoffnung, die einen trägt, alles ist möglich, dem, der da glaubt, Gebet und Glaube als treibende Kraft im Leben, spirituelles Wachstum durch die Beschäftigung verschiedenster Glaubensrichtungen und Religionen.

Ursache/Wirkung negativ
Schicksal, negatives Karma, Bürde, Belastung, karmische Prüfung, unabwendbare Erfahrung, Opferrolle, sich vor der Aufgabe drücken wollen, den göttlichen Plan nicht erkennen, Verstrickungen erkennen, karmische Beziehungen, die in einem Ungleichgewicht in vergangenen Leben beendet wurden.

Karma
karmische Prüfungen/Verstrickungen erkennen und sich davon lösen/Vertrauen und Glaube in die göttliche Existenz/Bestimmung/durch Religion beeinflusste frühere Leben/göttlicher Plan, der dafür sorgt, dass man sich wieder mit seinen spirituellen Fähigkeiten verbindet/Gebet und Glaube als treibende Kraft im Leben/spirituelles Wachstum durch die Beschäftigung verschiedenster Glaubensrichtungen und Religionen/karmische Beziehungen,

die in einem karmischen Ungleichgewicht in vergangenen Leben beendet wurden.

Zusatzkarten von Angelina Schulze

Karte 37 Bauch

allgemeine Deutung: Mit etwas schwanger gehen bzw. sein, Geburt/Ergebnis steht unmittelbar bevor, Vorbereitungen, Pläne, Ordnung schaffen, Sex, Heilung.

energetische Deutung: Etwas ausbrüten, innere Erkenntnisprozesse, Erwartungshaltung, Visualisierung und Umsetzung, sortieren und eliminieren, körperliche Vereinigung, Heilungsprozess, heil werden.

spirituelle Deutung: Sich aus Chaos befreien und sein Leben strukturieren, strategisch vorgehen durch Planung und Verwirklichung, seine heilerischen Fähigkeiten entwickeln und ausführen, neues entwickeln, seinem Leben Ordnung und Struktur geben.

Ursache/Wirkung positiv
Heilung, etwas Neues in die Welt bringen, Pläne schmieden und Ordnung und Struktur erzeugen, sich gut auf etwas vorbereiten, schöpferischer Prozess, gesunde Sexualität.

Ursache Wirkung negativ
Ohne Konzept und Planung sein, unsortiertes Handeln, Betriebsblindheit, Heilung boykottieren, an Genesung kein Interesse zeigen, seine Pläne nicht verwirklichen, Hemmungen in der Sexualität.

Karma
zielorientiertes Handeln, Krankheit als Weg, karmische Aufgaben lösen.

Karte 38 Engelsflügel

allgemeine Deutung: Schutz, etwas ist oder wird geschützt, geführt werden, etwas festhalten, etwas gewinnen, etwas Wertvolles, Gewissheit, dass es mehr gibt als das, was man sehen kann und beweisbar ist, ein Gewinn.

energetische Deutung: Schutzkreis, Verbindung zu den Engeln, Kommunikation mit den Engeln.

spirituelle Deutung: An Engel glauben, Engel in sein Leben integrieren, sich von ihnen beschützt und geleitet fühlen, die Engel an seiner Seite haben, die geistige Welt unterstützt einen, die Existenz der Engel als wahr empfinden.

Ursache/Wirkung positiv
Gottvertrauen, mit der Quelle verbunden sein, Kontakt zu den Engeln, auf die göttliche Kraft im Leben vertrauen, glauben, sich wertvoll und als Schöpfung der göttlichen Kraft ansehen.

Ursache/Wirkung negativ
Gottlos, sich von der schöpferischen Kraft abgeschnitten fühlen, materielles Weltbild, Atheist, Materialist, ohne Glaube, niederer Selbstwert, sich nicht in der Schöpfung gebettet fühlen, abgeschnitten von der Natur und ihrer Schönheit.

Karma
von den himmlischen Mächten beschützt und begleitet, Schutzengel, Verbindung zu Aufgestiegenen Meistern, Verbindung zum Göttlichen.

Karte 39 Fabrik

allgemein: Firma, Geschäft, Arbeitsstelle, Selbständigkeit, Gebäude, Besitz, etwas herstellen, etwas Größeres, Expansion, Schaffensprozess, seiner Kreativität freien Lauf lassen, viel Kraft und Zeit einsetzen, um etwas zu erreichen, Werdeprozess, etwas investieren, etwas erschaffen, viel Stabilität, sehr gute Basis vorhanden, auf der man aufbauen kann.

energetisch: Werdeprozess, Schaffensprozess, Gestaltungsmöglichkeiten, stabilisierende Kraft.

spirituell: Sein Talent ausleben, etwas erschaffen und Neues in die Welt bringen, seine Zeit und Kraft investieren, um sich in einem Projekt zu verwirklichen, viel Heilung und Gleichgewicht investieren.

Ursache/Wirkung positiv
Schaffensprozess, Großes leisten, Zeit und Energie investieren, etwas aufbauen, alles für ein Ziel tun, stabile Verhältnisse, bereit sein, alles zu geben.

Ursache/Wirkung negativ
So tun, als würde einem alles in den Schoß fallen, keine Initiative zeigen, sich nicht ausreichend bemühen, das Engagement lässt zu wünschen übrig, unsichere Zeiten, keine Absicherung, ohne Inspiration und Schaffensdrang.

Karma
den großen Plan erkennen, größere Zusammenhänge begreifen, an seinem positiven Karma arbeiten, seine Seelenerfahrungen nutzen, seinen Seelenplan erfüllen.

Karte 40 Hand

allgemeine Deutung: Verantwortung, Erfahrung, seine eigene Autorität anerkennen, seine Grenzen erkennen, eigenverantwortlich handeln, Bilanz ziehen, Schuldgefühle, Chaos, Loslassen, Loslassprozess, jemandem die Hand reichen, sich befreien, Selbstreflektion, Selbsterkenntnis, Selbstermächtigung.

energetische Deutung: Etwas loslassen, sich von etwas befreien, Vergebungsprozess vollziehen, Grenzen setzen, chaotisch sein.

spirituelle Deutung: Selbstverantwortung erkennen, Brücken der Verständigung bauen, Vergeben und sich befreien.

Ursache/Wirkung positiv
Verantwortung für sein Handeln übernehmen, die Situation richtig einschätzen können, sich von Schuldgefühlen befreien, anderen Menschen gesunde Grenzen setzen, sich von Chaos befreien, loslassen, wo es notwendig ist, um frei zu sein, sich selber und seine Bedürfnisse ernst nehmen, für sich selbst die richtigen Entscheidungen treffen.

Ursache Wirkung negativ
Im Chaos versinken, desorientiert sein, seiner Verantwortung nicht gerecht werden, seine eigenen Interessen nicht wahr nehmen, nicht loslassen können, keine Grenzen setzen können, durch Schuldgefühle manipulierbar sein, den Überblick verlieren.

Karma
den Zusammenhang zwischen Vergebung und Heilung erkennen, radikale Vergebung, Ho'oponopono, sich von allen alten Verstrickungen befreien, völliges Loslassen alter Strukturen und toxischer Menschen, leben ohne neues mieses Karma aufzubauen.

Autorenseite

Andrea Rosenthal
E-Mail: andrea@reiki-tor.de
Facebook: facebook.com/ReikiTor

www.reiki-tor.de

Mein spiritueller Weg begann mit den Tarotkarten, die mir widerspiegelten, wie es um mein Seelenheil bestellt war. Nachdem ich die Ausbildung zur psychologischen Beraterin und Reiki-Lehrerin absolviert hatte, entschloss ich mich, auch in die Welt des Lenormand einzutauchen. Damit begann für mich eine Reise, die immer spannender und vielfältiger wird.

Mein Anliegen, wenn ich mit den Karten arbeite, ist es, Situationen transparent zu machen. Darzulegen, was gerade da ist, um dann lösungsorientiert Möglichkeiten aufzuzeigen, die mehr zu einer Harmonisierung einer Lebenssituation beitragen können. So verstehe ich die Arbeit mit den Karten, denn an erster Stelle steht die Selbstverantwortung, die jeder selbst für sich ergreifen muss, um seine eigenbestimmte Zukunft zu gestalten.

Verwirklicht habe ich dieses Anliegen bereits in meinen Büchern.

Dieses neue Buch über Karmalegungen gibt dir viele Legungen und Deutungen an die Hand, mit denen du dein Karma erkennen und positiv beeinflussen kannst. Du kannst sie für dich oder andere Menschen nutzen, um dir der Ursache und Wirkung von immer wiederkehrenden Ereignissen im Leben klar zu werden. Darüber hinaus bietet es dir eine lösungsorientierte Ausrichtung, damit man positives Karma erschaffen kann.

Bücher und E-Books von Andrea Rosenthal

Kartenlegen ausführlich erklärt –
Lenormand-Legungen mit psychologischer Deutung zum Thema Blockaden und Loslassen
Band 11
ISBN: 978-3-943729-53-5

Kartenlegen ausführlich erklärt –
Madame Lenormand kombiniert mit Andreas Chakra-Legung
Band 12
ISBN: 978-3-943729-54-2

Kartenlegen ausführlich erklärt –
Karma als Legungen mit Lenormandkarten
Band 13
ISBN: 978-3-96738-115-3

Du bekommst die Bücher im Onlineshop vom Verlag:

https://angelina-schulze.com

oder auf Amazon und anderen Online Buchhandlungen, sowie im Buchhandel bei dir um die Ecke, also direkt vor Ort.
Gib dann in der Buchhandlung den Titel und die ISBN an und das Buch kann beim Großhandel bestellt werden und liegt meist schon 1-2 Tage später zur Abholung bereit.

Die E-Books gibt es in der Regel als PDF zum Lesen und ggf. ausdrucken am PC und meist noch als Kindle Version zum Lesen in der kostenfreien Amazon App oder einem Kindle-Reader.

Alle derzeit verfügbaren E-Books und Bücher
kannst du dir hier mit Leseproben ansehen:

https://lenormand-power.de

Weitere kostenfreie Empfehlungen

Du möchtest gern noch mehr Anregungen für Legesysteme und den Lenormandkarten?

Dann habe ich hier noch ein paar **Empfehlungen** für dich:

- Auf der Legesystem-Webseite von Angelina und mir findest du weitere Legesysteme für Lenormand und Tarot und kannst auch online die Karten befragen:
https://lenormand-legesysteme-und-tarot-legesysteme.de

- In Angelinas Coaching der Königsklasse gibt es am Anfang täglich und später im Abstand von 2, 3, 5 und dann 7 Tagen E-Mails mit Informationen zur Deutung der Lenormandkarten, kleinen Legungen, Deutungsschritte in der großen Tafel und vielen Links zu Blogbeiträgen, Videos und diversen Geschenken, die nur Leser der E-Mails bekommen. Die Anmeldung und Teilnahme ist kostenfrei:
https://www.lenormand-online24.de

- In Angelinas Lenormand Power gibt es einmal pro Woche eine E-Mail, in der sie dir Legesysteme zeigt und mit Beispielen deutet. Gern kannst du dort mitmachen. Die Anmeldung und Teilnahme ist kostenfrei:
https://www.lenormand-online24.de/reisestart-lenormand-power

- In der Facebookgruppe von Angelina und mir kannst du jeden Monat ebenfalls Legungen kennenlernen, ausprobieren und dich mit den anderen Teilnehmern austauschen. Die Gruppe ist geschlossen, also nur Mitglieder können die Beiträge sehen. Hier bleiben wir unter uns. Trete hier kostenfrei unserer Kartenlegegemeinschaft bei:
https://www.facebook.com/groups/Lenormandgruppe